O TRADER VENCEDOR

Mark Douglas

O TRADER VENCEDOR

Como operar em flow e dominar
o mercado com confiança

TRADUÇÃO
Afonso Celso da Cunha Serra

6ª reimpressão

PORTFOLIO
PENGUIN

Copyright © 2000 by Mark Douglas
Publicado mediante acordo com TarcherPerigee, um selo da Penguin Publishing Group, uma divisão da Penguin Random House LLC.

A Portfolio-Penguin é uma divisão da Editora Schwarcz S.A.

PORTFOLIO and the pictorial representation of the javelin thrower are trademarks of Penguin Group (USA) Inc. and are used under license. PENGUIN is a trademark of Penguin Books Limited and is used under license.

Grafia atualizada segundo o Acordo Ortográfico da Língua Portuguesa de 1990, que entrou em vigor no Brasil em 2009.

TÍTULO ORIGINAL Trading in the Zone: Master the Market with Confidence, Discipline and a Winning Attitude
CAPA E IMAGEM Filipa Damião Pinto/ Foresti Design
PREPARAÇÃO Tamara Sender
REVISÃO TÉCNICA Guido Luz Percú
ÍNDICE REMISSIVO Probo Poletti
REVISÃO Angela das Neves e Aminah Haman

Dados Internacionais de Catalogação na Publicação (CIP)
(Câmara Brasileira do Livro, SP, Brasil)

Douglas, Mark
O trader vencedor : Como operar em flow e dominar o mercado com confiança / Mark Douglas ; tradução Afonso Celso da Cunha Serra — 1ª ed. — São Paulo : Portfolio-Penguin, 2021.

Título original: Trading in the Zone : Master the Market with Confidence, Discipline and a Winning Attitude.

ISBN 978-85-8285-150-0

1. Ações (Finanças) 2. Especulação (Finanças) I. Título.

21-77913	CDD-332.64

Índice para catálogo sistemático:
1. Investimentos : Especulação : Mercado financeiro   332.64

Cibele Maria Dias — Bibliotecária — CRB-8/9427

Todos os direitos desta edição reservados à
EDITORA SCHWARCZ S.A.
Rua Bandeira Paulista, 702, cj. 32
04532-002 — São Paulo — SP
Telefone (11) 3707-3500
www.portfolio-penguin.com.br
atendimentoaoleitor@portfoliopenguin.com.br

Este livro é dedicado a todos os traders com quem tive o prazer de trabalhar nos últimos dezoito anos como coach. Cada um de vocês, à sua maneira, é parte dos insights e orientações que este livro oferecerá a todos que escolheram operar no mercado com confiança, disciplina e consistência.

SUMÁRIO

Apresentação 9
Prefácio 11
Pesquisa de atitude 15

1. A estrada para o sucesso: Análise fundamentalista, técnica ou mental? 19
2. O fascínio (e os perigos) de trading 35
3. Assumindo responsabilidade 51
4. Consistência: Um estado mental 76
5. A dinâmica da percepção 88
6. A perspectiva do mercado 107
7. O trunfo do trader: Pensamento probabilístico 121
8. Trabalhando com suas crenças 146
9. A natureza das crenças 157
10. O impacto das crenças em trading 170
11. Pensando como trader 189

Pesquisa de atitude 221
Índice remissivo 225

APRESENTAÇÃO

O GRANDE BULL MARKET NO MERCADO DE AÇÕES levou a um aumento igualmente acentuado na quantidade de livros publicados sobre como ganhar dinheiro *operando* no mercado. Muitas ideias surgiram, algumas boas, outras não; algumas pioneiras, outras apenas uma reformulação de trabalhos anteriores. Vez ou outra, contudo, um autor desponta com algo que realmente o faz se sobressair na pilha, com alguma contribuição especial. Um desses autores é Mark Douglas.

Em *O trader vencedor*, Mark Douglas escreveu um livro que resulta do acúmulo de anos de reflexão e pesquisa — o trabalho de uma vida — e, para quem vê trading como profissão, ele produziu uma joia.

O trader vencedor é um olhar profundo sobre as dificuldades que enfrentamos quando assumimos o desafio do trading. Para o novato, o único desafio parece ser encontrar uma forma de ganhar dinheiro. Depois de aprender que as dicas, as orientações dos corretores e outras maneiras de justificar a compra e venda nem sempre correspondem às expectativas, ele descobre que precisa desenvolver ou adquirir uma estratégia de trading confiável. Depois disso, trading *deve* ser fácil, certo? Tudo o que você precisa fazer é seguir as regras, e o dinheiro cairá no seu colo.

A essa altura, se não antes, os novatos descobrem que a atividade de trading pode se converter em uma das experiências mais frustrantes que eles algum dia enfrentarão. Essa experiência leva à estatística tão citada de que 95% dos futuros traders perdem todo o dinheiro no primeiro ano de operações de mercado. Os traders de ações geralmente experimentam os mesmos resultados, razão por que os gurus sempre apontam para o fato de que a maior parte desses operadores não consegue superar o desempenho de um cenário de investimento de *buy and hold*.

Assim, por que será que as pessoas, a maioria das quais é extremamente bem-sucedida em outras ocupações, fracassam tão miseravelmente como traders? São os traders vitoriosos inatos, não burilados? Mark Douglas diz que não. O que é necessário, assegura ele, é adquirir a mentalidade de trader. Parece fácil, mas o fato é que essa mentalidade é muito estranha quando comparada com a maneira como nossas experiências de vida nos ensinam a pensar sobre o mundo.

A taxa de fracasso de 95% faz sentido quando se considera como grande parte das pessoas experimenta a vida usando habilidades que aprendemos enquanto crescemos. Quando se trata de trading, porém, ocorre que as habilidades que desenvolvemos para conseguir as melhores notas na escola, progredir na carreira e criar relacionamentos com outras pessoas, as competências que, segundo nos ensinam, são capazes de nos orientar ao longo da vida revelam-se inadequadas para operar no mercado. Os traders, descobrimos, devem aprender a pensar em termos de probabilidades e a renunciar a praticamente todas as outras habilidades que adquirimos durante toda a vida. Em *O trader vencedor*, Mark Douglas nos ensina como alcançar esse resultado. Ele produziu um livro muito valioso. Suas fontes são suas próprias experiências como trader, como coach de traders em Chicago, como autor e como palestrante em seu campo de psicologia de trading.

Minha recomendação? Aproveite a leitura de *O trader vencedor* e, ao fazê-lo, desenvolva a mentalidade de trader.

Thom Hartle

PREFÁCIO

O OBJETIVO DE QUALQUER TRADER É OBTER LUCRO com regularidade; no entanto, poucas pessoas realmente auferem ganhos consistentes como traders. O que explica a pequena porcentagem de traders que alcançam êxitos reiterados em trading? Para mim, o fator determinante é psicológico — os vencedores consistentes pensam de maneira diferente da maioria.

Comecei a operar no mercado em 1978. Na época, eu gerenciava uma seguradora de acidentes pessoais nos subúrbios de Detroit, Michigan. Eu era muito bem-sucedido como profissional e achava que poderia alcançar o mesmo sucesso como trader. Infelizmente, constatei que não seria bem assim. Em 1981, eu estava profundamente infeliz com a minha incapacidade de operar com eficácia no mercado de ações, ao mesmo tempo que mantinha outro emprego, e, então, me mudei para Chicago e consegui um trabalho como corretor da Merrill Lynch, na Chicago Board of Trade. Como eu consegui? Bem, nove meses depois de me mudar para Chicago, eu tinha perdido quase tudo o que possuía. Minhas perdas foram o resultado tanto de minhas atividades de trader como de meu estilo de vida exorbitante, exigindo que eu ganhasse muito dinheiro como trader.

Com essas primeiras experiências como trader, aprendi muito sobre mim mesmo e sobre o papel da psicologia em trading. Em consequência, em 1982, comecei a trabalhar em meu primeiro livro, *The Disciplined Trader: Developing Winning Attitudes*. Quando iniciei esse projeto, não tinha ideia de como era difícil escrever um livro ou explicar alguma coisa que compreendia sob a minha perspectiva, de maneira que fosse útil para outras pessoas. Achei que eu demoraria de seis a nove meses para concluir o projeto. O trabalho se estendeu por sete anos e meio, e o livro finalmente foi publicado pela Prentice Hall em 1990.

Em 1983, deixei a Merrill Lynch para constituir uma empresa de consultoria, a Trading Behaviour Dynamics, onde atualmente desenvolvo e conduzo seminários sobre psicologia de trading e atuo como o que é em geral chamado *trading coach*. Fiz inúmeras apresentações para trading companies, câmaras de compensação, corretoras e bancos, além de oferecer palestras sobre investimentos em todo o mundo. Trabalhei em nível pessoal e individual com praticamente todos os tipos de trader, inclusive alguns dos importantes traders de pregão, hedgers, especialistas em opções e ctas (commodity trading advisors), até com neófitos.

Quando esta página foi escrita, eu já havia passado os dezessete anos anteriores analisando a dinâmica psicológica que movia a atividade de trading, para que pudesse desenvolver métodos eficazes de ensinar os princípios indutores do sucesso. O que descobri é que, no nível mais fundamental, há um problema em nossa maneira de pensar. Algo inerente aos nossos processos mentais que não se encaixa muito bem nas características típicas do mercado.

Os traders que têm confiança em suas operações, que creem na própria capacidade de fazer o que precisa ser feito sem hesitação, são os que vencem no mercado. Eles não mais temem o comportamento errático do mercado. Eles aprendem a focar na informação que os ajuda a identificar oportunidades e gerar lucro, em vez de se concentrar naquelas que reforçam seus receios.

Embora talvez pareça complicado, tudo se resume em aprender a acreditar que: (1) você não precisa saber o que acontecerá em seguida para ganhar dinheiro; (2) tudo pode acontecer; e (3) cada momento é único, ou seja, todo trunfo e desfecho é realmente uma experiência

PREFÁCIO

ímpar. O trader opera ou não opera. Em todo caso, você espera o próximo trunfo aparecer e percorre mais uma vez todo o processo. Com essa abordagem, você aprenderá de maneira metódica, não aleatória, o que funciona e o que não funciona. E, igualmente importante, você desenvolverá o senso de autoconfiança, para não se prejudicar em um contexto com as peculiaridades ilimitadas do mercado.

A maioria dos traders não acredita que os problemas de trading são consequência da maneira como pensam sobre operações de mercado, ou, mais especificamente, do que pensam durante o processo de trading. Em meu primeiro livro, *The Disciplined Trader*, identifiquei os problemas que o trader enfrenta sob uma perspectiva mental e, então, construí um arcabouço filosófico para compreender a natureza desses desafios e a causa de sua existência. Eu tinha cinco principais objetivos ao escrever *O trader vencedor*:

- Provar ao trader que mais e melhor análise de mercado não são a solução para as suas dificuldades em trading ou para a falta de resultados consistentes.
- Convencer o trader de que sua atitude e "estado mental" é que determinam seus resultados.
- Fornecer ao trader as crenças e atitudes específicas necessárias para desenvolver uma mentalidade de vencedor, o que significa aprender a pensar em probabilidades.
- Enfrentar os muitos conflitos, contradições e paradoxos no processo mental que levam o trader típico a presumir que ele já pensa em probabilidades, quando realmente ainda não as leva em conta.
- Conduzir o trader ao longo de um processo que integra essa estratégia de pensamento em seu sistema mental, no nível funcional.

(*Nota*: Até recentemente, a maioria dos traders eram homens, mas reconheço que cada vez mais as mulheres estão entrando nas fileiras das operações de mercado. No esforço para evitar confusão e fraseado estranho, usei o pronome "ele" em todo este livro ao me referir a traders. Essa escolha por certo não reflete nenhum viés de minha parte.)

O TRADER VENCEDOR

O trader vencedor apresenta uma abordagem psicológica séria para se tornar um vencedor consistente em suas operações de mercado. Não ofereço um sistema de trading; estou mais interessado em lhe mostrar como pensar da maneira necessária para ser um trader lucrativo. Presumo que você já tenha o seu próprio sistema, o seu próprio trunfo. Você precisa aprender a confiar no seu trunfo. Trunfo significa maior probabilidade de alcançar um desfecho do que outro. Quanto maior for a sua confiança, mais fácil será executar as suas operações de mercado. Este livro foi concebido para lhe oferecer o discernimento e a compreensão indispensáveis sobre si mesmo e sobre a natureza das operações de mercado, de modo que executá-las seja tão fácil, simples e espontâneo como quando você está apenas observando o mercado e pensando em entrar nele.

A fim de avaliar até que ponto você "pensa como trader", faça a seguinte Pesquisa de Atitude. Não há respostas certas ou erradas. Suas respostas são uma indicação de até que ponto sua atual estrutura mental é compatível com a maneira como você precisa pensar para obter o máximo em sua atividade de trading.

Mark Douglas

PESQUISA DE ATITUDE

1. Para ganhar dinheiro como trader, você precisa antever o que o mercado fará.
   ☐ concordo   ☐ discordo

2. Às vezes me surpreendo pensando que deve haver uma maneira de operar sem ter de sofrer perdas.
   ☐ concordo   ☐ discordo

3. Ganhar dinheiro como trader é basicamente um processo de análise.
   ☐ concordo   ☐ discordo

4. As perdas são componentes inevitáveis nas operações de mercado.
   ☐ concordo   ☐ discordo

5. Sempre defini meu risco antes de entrar numa operação.
   ☐ concordo   ☐ discordo

6. Na minha cabeça, sempre há um custo em descobrir em que direção o mercado irá.
   ☐ concordo   ☐ discordo

7. Nunca me incomodo em reformular a próxima operação se não estiver certo de que ela será lucrativa.
   ☐ concordo   ☐ discordo

8. Quanto mais aprender sobre o mercado e como este se comporta, mais fácil será para o trader executar suas operações.
   ☐ concordo   ☐ discordo

9. Minha metodologia me diz exatamente sob que condições de mercado entrar ou sair de uma operação.
   ☐ concordo   ☐ discordo

O TRADER VENCEDOR

10. Mesmo quando tenho um sinal claro para reverter minha posição, acho extremamente difícil fazer isso.
    ☐ concordo   ☐ discordo

11. Passei por longos períodos de sucessos consistentes, geralmente seguidos de algumas perdas drásticas em meu patrimônio.
    ☐ concordo   ☐ discordo

12. Quando comecei a operar, eu descrevia minha metodologia de trading como arriscada, significando algum sucesso em meio a muita dor.
    ☐ concordo   ☐ discordo

13. Com frequência me percebo sentindo que o mercado está pessoalmente contra mim.
    ☐ concordo   ☐ discordo

14. Por mais que eu tente esquecer, acho muito difícil "deixar pra lá" os traumas emocionais do passado.
    ☐ concordo   ☐ discordo

15. Tenho uma filosofia de gerenciamento do dinheiro que se fundamenta no princípio de sempre tirar algum dinheiro do mercado quando este o deixa disponível.
    ☐ concordo   ☐ discordo

16. O trabalho do trader é identificar padrões no comportamento do mercado que representem uma oportunidade e, então, avaliar o risco de descobrir se esses padrões evoluirão como no passado.
    ☐ concordo   ☐ discordo

17. Às vezes, não consigo deixar de sentir que sou vítima do mercado.
    ☐ concordo   ☐ discordo

18. Quando estou operando, geralmente tento manter o foco num período de tempo.
    ☐ concordo   ☐ discordo

PESQUISA DE ATITUDE

19. O sucesso em trading exige certo grau de flexibilidade mental, muito além do escopo da maioria das pessoas.
☐ concordo ☐ discordo

20. Há ocasiões em que, definitivamente, sinto o rumo do mercado; no entanto, costumo ter dificuldade em agir com base nesse sentimento.
☐ concordo ☐ discordo

21. Com muita frequência, estou numa operação lucrativa e sei que a jogada basicamente acabou, mas ainda não realizei o meu lucro.
☐ concordo ☐ discordo

22. Por mais que eu ganhe numa operação, raramente fico satisfeito. Tenho sempre a sensação de que poderia ter feito mais.
☐ concordo ☐ discordo

23. Quando monto uma operação, sinto que estou com uma atitude positiva. Antevejo todo o dinheiro que posso ganhar com a operação de maneira construtiva.
☐ concordo ☐ discordo

24. O componente mais importante na capacidade de um trader de acumular dinheiro com o passar do tempo é ter fé em sua própria consistência.
☐ concordo ☐ discordo

25. Se lhe concedessem o dom de adquirir imediatamente uma habilidade em trading, qual você escolheria?

_____

26. Frequentemente passo noites insones, preocupado com o mercado.
☐ concordo ☐ discordo

27. Você já se sentiu compelido a executar uma operação porque teve medo de perder a oportunidade?
☐ sim ☐ não

28. Embora não o consiga com muita frequência, realmente gosto que minhas operações sejam perfeitas. Quando isso acontece, a sensação é tão prazerosa que compensa todas as frustrações por não chegar lá.

☐ concordo ☐ discordo

29. Você já se percebeu planejando operações que nunca executa e executando operações que nunca planejou?

☐ sim ☐ não

30. Em poucas palavras, explique por que a maioria dos traders não ganha dinheiro no mercado ou não consegue preservar o que ganhou.

_____

_____

_____

_____

Deixe de lado as respostas enquanto lê este livro. Ao terminar o último capítulo ("Pensando como trader"), repita a Pesquisa de Atitude — ela está reimpressa no fim do livro. Talvez você se surpreenda ao constatar como suas novas respostas são diferentes das primeiras.

1.
A estrada para o sucesso: Análise fundamentalista, técnica ou mental?

No começo: Análise fundamentalista

Quem se lembra de quando a análise fundamentalista era considerada a única maneira realista ou apropriada para decidir sobre trading? Quando comecei a operar no mercado, a análise técnica era usada somente por um punhado de traders, que eram vistos pelos demais operadores da comunidade de mercado como, no mínimo dos mínimos, loucos. Por mais difícil que seja acreditar agora, não faz muito que Wall Street e a maioria dos principais fundos de investimento e instituições financeiras achavam que a análise técnica era alguma forma de abracadabra mística.

Hoje, é claro, exatamente o oposto é verdadeiro. Quase todos os traders experientes usam alguma forma de análise técnica para ajudá-los a formular suas estratégias de trading. Exceto alguns bolsões pequenos e isolados na comunidade acadêmica, o analista fundamentalista está praticamente extinto. O que provocou essa mudança drástica de perspectiva?

Não tenho dúvida de que não é surpresa para ninguém que a resposta a essa pergunta é muito simples: dinheiro! O problema de tomar decisões sobre trading sob uma perspectiva estritamente fundamentalista é a dificuldade de gerar lucro consistente, usando essa abordagem. Para quem talvez não esteja familiarizado com a análise fundamentalista, vou explicá-la. A análise fundamentalista tenta levar em conta todas as variáveis que podem afetar o equilíbrio ou desequilíbrio relativo entre a oferta e a possível demanda para qualquer ação, mercadoria ou instrumento financeiro. Usando basicamente modelos matemáticos que ponderam a significância de vários fatores (taxas de juros, demonstrações financeiras, padrões meteorológicos e numerosos outros), o analista projeta qual deveria ser o preço em algum ponto do futuro.

O problema com esses modelos é que eles raramente, se algum dia o fizerem, incluem os outros traders como variáveis. As pessoas, expressando suas crenças e expectativas sobre o futuro, movimentam os preços — não os modelos. O fato de um modelo fazer projeções lógicas e razoáveis com base em todas as variáveis relevantes não é muito útil se os traders, que são responsáveis por grande parte do volume de negociações, não conhecerem o modelo ou não acreditarem nele.

De fato, muitos traders — sobretudo os de pregão, nas salas de negociações das bolsas de mercadorias e futuros, que têm a capacidade de movimentar os preços com muita intensidade numa ou noutra direção — geralmente não têm a menor ideia dos fatores fundamentalistas de oferta e procura que poderiam afetar os preços. Além disso, em qualquer momento, grande parte de suas atividades de trading são suscitadas por uma resposta a fatores emocionais que se situam totalmente fora dos parâmetros do modelo fundamentalista. Em outras palavras, as pessoas que operam no mercado (e, em consequência, movimentam os preços) nem sempre agem de maneira racional.

Em última instância, o analista fundamentalista até pode achar que uma previsão sobre quais deveriam ser os preços em algum ponto no futuro está certa. Mas, no meio-tempo, o movimento dos preços poderia ser tão volátil que seria muito difícil, se não impossível, manter-se numa operação de mercado para realizar o objetivo.

A mudança para a análise técnica

A análise técnica está por aí há tanto tempo quanto existem mercados organizados na forma de bolsas. Mas a comunidade de trading não aceitou a análise técnica como ferramenta viável para ganhar dinheiro até o final dos anos 1970 e o começo dos anos 1980. Eis o que o analista técnico sabia e que só mais tarde foi compreendido pela geração tradicional da comunidade de mercado tradicional.

Um número limitado de traders participa dos mercados em qualquer dia, semana ou mês. Muitos desses traders fazem os mesmos tipos de coisas repetidamente na tentativa de ganhar dinheiro. Em outras palavras, as pessoas desenvolvem padrões de comportamento, e um grupo de indivíduos, interagindo continuamente uns com os outros, forma padrões de comportamento coletivo. Esses padrões são observáveis e quantificáveis, e se repetem com confiabilidade estatística.

A análise técnica é um método que organiza esse comportamento coletivo em padrões identificáveis, que podem indicar com clareza quando é maior a probabilidade de uma coisa acontecer em comparação com outra. De certo modo, a análise técnica permite que você entre na mente do mercado para antever o que tende a acontecer em seguida, com base na espécie de padrões gerados pelo mercado em algum momento anterior.

Como método de projetar movimentos de preços futuros, a análise técnica se revelou muito superior à abordagem puramente fundamentalista. Ela mantém o trader focado no que o mercado está fazendo *agora*, em relação ao que fez no passado, em vez de se concentrar no que o mercado deveria estar fazendo, com base apenas no que é lógico e razoável, conforme determinado por um modelo matemático. Por outro lado, a análise fundamentalista cria o que denomino "brecha de realidade" entre "o que deve ser" e "o que é". A brecha de realidade torna extremamente difícil fazer qualquer coisa, a não ser previsões a muito longo prazo, que talvez sejam difíceis de explorar, mesmo se estiverem corretas.

Em contraste, a análise técnica não só fecha essa brecha de realidade, mas também oferece ao trader possibilidades quase ilimitadas a serem exploradas. A abordagem técnica cria muito mais oportunidades porque mostra como os mesmos padrões de comportamento reiterados ocorrem em toda janela temporal — momento a momento, diariamente, semanalmente, anualmente e em qualquer lapso temporal intermediário. Em outras palavras, a análise técnica converte o mercado em uma sucessão infindável de chances de enriquecer.

A mudança para a análise mental

Se a análise técnica funciona tão bem, por que cada vez mais participantes da comunidade de trading deslocam o foco da análise técnica do mercado para a análise mental de si próprios, no sentido de sua própria psicologia de trading individual? Para responder a essa pergunta, você provavelmente não precisa fazer nada além de se perguntar por que comprou este livro. A razão mais provável é que você esteja insatisfeito com a diferença entre a sua percepção do potencial ilimitado de ganhar dinheiro e o que você realmente aufere como resultado final.

Esse é o problema da análise técnica, se você quiser chamá-lo assim. Ao aprender a identificar padrões e a ler o mercado, você descobre que há oportunidades ilimitadas de ganhar dinheiro. Porém, como decerto você já sabe, também é possível que exista um enorme abismo entre o que você compreende sobre os mercados e sua capacidade de transformar esse conhecimento em lucros consistentes ou numa curva patrimonial em alta contínua.

Pense no número de vezes que você olhou para um gráfico de preços e disse a si mesmo: "Hum, parece que o mercado vai subir (ou descer, como talvez seja o caso)", e o que você conjecturou que aconteceria de fato aconteceu. Você, todavia, não fez nada, a não ser observar a movimentação do mercado e se angustiar com o dinheiro que poderia ter ganhado.

É grande a diferença entre prever que alguma coisa acontecerá no mercado (e pensar no que você poderia ter lucrado) e a realidade de efetivamente entrar e sair do mercado com operações concretas. Chamo essa diferença, nome de que outras pessoas parecem gostar, de "brecha

A ESTRADA PARA O SUCESSO: ANÁLISE FUNDAMENTALISTA, TÉCNICA OU MENTAL?

psicológica", algo que pode tornar as operações de mercado um dos mais difíceis empreendimentos a serem escolhidos e por certo um dos mais misteriosos a serem dominados.

A grande questão é: pode a atividade de trading ser dominada? É possível vivenciar as operações de mercado com a mesma facilidade e simplicidade imanentes de quando você só está observando o mercado e pensando em sucesso, em lugar de realmente ter de montar e desmontar operações? A resposta é não só um inequívoco "sim", mas também consiste exatamente no escopo deste livro — a sagacidade e a acuidade que você precisa desenvolver a respeito de si próprio e sobre a natureza da atividade de trading. Assim, o resultado é que a execução das operações de fato se torna tão fácil, simples e espontânea quanto a observação do mercado e a reflexão sobre como operar.

Isso até pode parecer uma tarefa difícil, e para alguns soar como missão impossível. Mas não é. Há quem tenha dominado a arte de trading, quem tenha fechado a brecha entre as possibilidades disponíveis e o desempenho na execução. Mas, como seria de esperar, esses vencedores são relativamente poucos em comparação com os numerosos operadores que experimentam vários graus de frustração, até a exasperação extrema, indagando por que não podem alcançar o sucesso consistente almejado com tanto desespero.

De fato, as diferenças entre esses dois grupos de traders (os vencedores consistentes e todos os demais) são análogas às disparidades entre a Terra e a Lua. A Terra e a Lua são, ambas, corpos celestes existentes no Sistema Solar, de maneira que têm algo em comum. No entanto, são tão diferentes em natureza e características como a noite e o dia. Da mesma maneira, qualquer pessoa que execute uma operação de mercado pode alegar ser um trader, mas quando você compara as características de um punhado de vencedores consistentes com as características da maioria dos outros traders, você descobrirá que elas também são tão diferentes quanto a noite e o dia.

Se ir à Lua representa sucesso consistente como trader, podemos dizer que chegar à Lua é possível. A jornada é extremamente difícil, e somente poucas pessoas a fizeram. De nossa perspectiva aqui na Terra, a Lua é geralmente visível todas as noites e parece tão próxima que bastaria esticar o braço para tocá-la. Operar no mercado com sucesso provoca a mesma sensação. Em qualquer dia, semana ou mês os mercados acenam com vastas quantias para qualquer pessoa que tenha a capacidade de montar uma operação de mercado. Como os mercados estão em movimentação constante, esse dinheiro também se encontra em flow contínuo, o que amplia enormemente as possibilidades de sucesso e as torna aparentemente acessíveis.

Uso a palavra "aparentemente" para salientar uma distinção importante entre dois grupos de traders. Para quem aprendeu a ser consistente, ou rompeu o que denomino "limiar da consistência", o dinheiro não só é alcançável como também está plenamente disponível. Tenho certeza de que algumas pessoas acharão essa afirmação chocante ou inverossímil, mas ela é verdadeira. Há algumas limitações, mas, para a maior parte, o dinheiro fluirá para as contas dos traders com tanta facilidade e naturalidade que chega a confundir a maioria das pessoas.

No entanto, para os traders que não evoluíram para esse grupo seleto, a palavra "aparentemente" significa de forma exata o que sugere. Parece que a consistência ou o sucesso supremo que almejam está "à mão" ou é "factível" pouco antes de escorregar ou evaporar repetidas vezes. A única coisa sobre trading que é contínua nesse grupo é o flagelo emocional. Sim, esses indivíduos certamente têm seus momentos de euforia, mas não é exagero afirmar que, no mais das vezes, eles se encontram num estado de medo, raiva, frustração, ansiedade, decepção, desilusão e arrependimento.

Assim, o que separa esses dois grupos de traders? Será inteligência? Serão os vencedores consistentes apenas mais espertos do que os outros? Trabalharão eles com mais afinco? Acaso seriam melhores analistas ou porventura teriam acesso a melhores sistemas de trading? Possuirão eles características de personalidade inerentes que lhes facilitam lidar com a pressão intensa das operações de mercado?

Todas essas possibilidades parecem muito plausíveis, exceto quando você considera que a maioria dos fracassos em trading também envolve alguns dos indivíduos mais brilhantes e mais realizados. O maior grupo de perdedores consistentes é composto basicamente de médicos, advogados, engenheiros, cientistas, CEOs, aposentados ricos e empreendedores. Ademais, a maioria dos melhores analistas de mercado são os piores traders imagináveis. Inteligência e boa análise de mercado decerto podem contribuir para o sucesso, mas não são os fatores definitivos que distinguem os vencedores consistentes de todos os demais.

Bem, se não é inteligência ou capacidade de análise, então o que poderia ser?

Tendo trabalhado com alguns dos melhores e alguns dos piores traders do mercado e tendo ajudado alguns dos piores a se tornarem alguns dos melhores, posso afirmar, sem dúvida, que há razões específicas para que os melhores traders superem repetidamente todos os demais. Se eu tivesse de destilar todas as razões em apenas uma, eu simplesmente diria que os melhores traders pensam diferente do resto.

Sei que isso não parece muito profundo, mas também sei que, sem dúvida, esse fato tem implicações profundas, se você considerar o que significa pensar fora do quadrado. Até certo ponto, de uma maneira ou de outra, todos nós pensamos diferente de todo o resto. É possível que nem sempre estejamos conscientes disso; parece natural supor que as outras pessoas compartilham nossas percepções e interpretações dos acontecimentos. Com efeito, esse pressuposto ainda parece válido, até nos vermos em desacordo radical com alguém sobre algo que ambos experimentamos. Além de nossos atributos físicos, nossas ideias é que nos tornam diferentes, provavelmente até mais que nossa compleição corporal.

Voltemos aos traders. O que é diferente na maneira como pensam os melhores traders, em comparação com os que ainda estão lutando para aprimorar seu pensamento? Embora os mercados possam ser descritos como uma arena de oportunidades infindáveis, eles ao mesmo tempo afrontam os indivíduos com algumas das condições psicológicas adversas mais duradouras a que é possível se expor. Em algum ponto, todos que operam no mercado aprendem alguma coisa sobre ele que indica quando surgem oportunidades. Aprender a identificar oportunidades para comprar ou vender não significa aprender a pensar como um trader.

A característica definidora que separa os vencedores consistentes de todos os demais é esta: os vencedores desenvolveram uma mentalidade —

um conjunto de atitudes sem igual — que lhes permite manter a disciplina, o foco e, acima de tudo, a confiança, apesar das condições adversas. Em consequência, eles deixam de ser suscetíveis aos temores e equívocos de trading que atormentam todos os outros. Todos que operam no mercado acabam aprendendo alguma coisa sobre ele; muito poucas pessoas que operam no mercado algum dia aprendem as atitudes que são absolutamente essenciais para tornar-se um vencedor consistente. Da mesma maneira como as pessoas podem aprender a técnica própria do swing no taco de golfe ou na raquete de tênis, sua consistência ou inconsistência no mercado sem dúvida decorre de sua atitude.

Os traders que operam além do "limiar da consistência" geralmente experimentam muita dor (emocional e financeira) antes de desenvolverem o tipo de atitude que lhes permite atuar com eficácia no ambiente de mercado. As raras exceções são geralmente os que nasceram em famílias de traders vitoriosos ou que iniciaram a carreira de trader sob a orientação de alguém que compreendia a verdadeira natureza das operações de mercado e, igualmente importante, sabiam ensiná-la.

Por que seriam a dor emocional e o desastre financeiro tão comuns entre os traders? A resposta simples é que a maioria de nós não teve a sorte de começar a carreira de operador de mercado com a orientação adequada. As verdadeiras razões, porém, são muito mais profundas. Passei os últimos dezessete anos dissecando a dinâmica psicológica imanente às operações de mercado, de modo que pude desenvolver métodos eficazes para lecionar os princípios do sucesso. O que descobri é que a atividade de trading está apinhada de paradoxos e contradições de raciocínio, que dificultam extremamente o aprendizado de como ser um trader bem-sucedido. De fato, se eu tivesse de escolher uma palavra que sintetiza a natureza das operações de mercado, ela seria "paradoxo". (De acordo com os dicionários, paradoxo é algo que parece ter qualidades contraditórias, que vão de encontro às crenças comuns ou que geralmente não fazem sentido para as pessoas.)

Desastres financeiros e emocionais são comuns entre os traders, porque muitas das perspectivas, atitudes e princípios que, de outra maneira, fariam todo o sentido e funcionariam muito bem na vida cotidiana têm o efeito oposto no contexto de trading. Simplesmente não funcionam. Não sabendo disso, a maioria dos traders começa a carreira sem a compreensão básica do que significa ser um trader, e carecendo das habilidades necessárias e da profundidade com que essas competências devem ser desenvolvidas.

Eis um excelente exemplo do que estou falando: trading é arriscado pela própria natureza. Tanto quanto sei, nenhuma operação de mercado tem resultado garantido; portanto, a possibilidade de estar errado e de perder dinheiro é inevitável. Assim, ao entrar numa operação, poderia você considerar-se um tomador de risco? Embora a pergunta talvez pareça traiçoeira, ela não é.

A resposta lógica a essa indagação é inequivocamente sim. Se eu me envolvo numa atividade arriscada, então eu devo ser um tomador de risco. Esse é um pressuposto perfeitamente razoável a ser admitido por qualquer trader. Com efeito, na prática, não só todos os traders fazem essa suposição; na verdade, quase todos os traders se orgulham de serem tomadores de risco.

O problema é que esse pressuposto não poderia estar mais longe da verdade. Sem dúvida, qualquer trader assume riscos quando entra numa operação de mercado, mas isso não significa que está aceitando esses riscos. Em outras palavras, todas as operações de mercado são arriscadas porque os desfechos são prováveis — não garantidos. Será, porém, que a maioria dos traders realmente acredita que está correndo riscos quando entra numa operação de mercado? Teriam eles de fato aceitado que o desfecho da operação é provável, não garantido? Além disso, será que aceitaram plenamente as consequências possíveis?

A resposta é inequivocamente não! Os traders, na maioria, não têm a menor ideia do que significa ser tomador de risco, da maneira como um trader vitorioso considera o risco. Os melhores traders não só assumem o risco, eles também aprenderam a aceitar e abraçar o risco. É enorme a brecha psicológica entre assumir que é tomador de risco, só porque entra em operações de mercado, e efetivamente aceitar o risco inerente a todas as operações de mercado. A plena aceitação do risco terá profundas implicações sobre o desempenho final.

Os melhores traders podem executar uma operação de mercado sem o menor resquício de hesitação ou conflito, e com a mesma espontaneidade, sem nenhum vacilo ou confronto, admitir que ela não deu certo. Podem sair da operação — mesmo com perda — sem que daí resulte o mais tênue resíduo de desconforto emocional. Em outras palavras, o risco inerente à atividade de trading não leva os melhores traders a perder a disciplina, o foco ou o senso de confiança. Se você não conseguir operar no mercado sem nenhum vestígio de desconforto emocional (especialmente, medo), então você não aprendeu a aceitar o risco inerente às operações de mercado. Esse é um grande problema, porque, qualquer que seja o grau com que você não aceita o risco, ele também é o grau com que você evitará o risco. Tentar evitar o inevitável terá consequências desastrosas sobre a sua capacidade de ser bem-sucedido nas operações de mercado.

Aprender efetivamente a aceitar o risco em qualquer empreendimento pode ser difícil, mas é ainda mais árduo para os traders, sobretudo considerando o que está em jogo. O que geralmente mais receamos (além de morrer e de falar em público)? Certamente, perder dinheiro e estar errado se situam perto do topo da lista. Admitir o erro e, ainda por cima, perder dinheiro pode ser extremamente doloroso, e por certo algo a ser evitado. No entanto, como traders, sempre nos defrontamos com essas duas possibilidades, praticamente durante todo o tempo em que estamos operando.

Agora, talvez você esteja dizendo a si próprio: "Além de doer tanto, é natural não querer estar errado e perder alguma coisa; portanto, é razoável para mim que eu faça o possível para evitar essas situações". No entanto, essa tendência natural também torna a atividade de trading (que à primeira vista parece fácil) extremamente difícil.

Trading nos impõe um paradoxo fundamental: como se manter disciplinado, focado e confiante em face da incerteza constante? Quando você aprende a "pensar" como trader, isso é exatamente o que você será capaz de fazer. Aprender a redefinir suas atividades de trading, de maneira a aceitar completamente o risco, é a chave para pensar como um trader vitorioso. Aprender a aceitar o risco é uma habilidade de trading — a mais importante competência a ser desenvolvida. Todavia, raramente os traders em formação concentram qualquer atenção ou dispendem algum esforço em aprender essa habilidade.

A ESTRADA PARA O SUCESSO: ANÁLISE FUNDAMENTALISTA, TÉCNICA OU MENTAL?

Quando você aprende a habilidade de trading de aceitação do risco, o mercado não será capaz de gerar informações que você defina ou interprete como dolorosas. Se as informações geradas pelo mercado não tiverem o potencial de lhe provocar dor emocional, não há nada a evitar. É apenas informação dizendo-lhe quais são as possibilidades. Esse processo é chamado perspectiva objetiva — que não é enviesado ou distorcido pelo que você receia que venha ou não a acontecer.

Tenho certeza de que não há nenhum trader lendo este livro que não tenha entrado em operações cedo demais — antes de o mercado efetivamente ter emitido um sinal — ou tarde demais — muito depois de o mercado ter emitido algum sinal. Que trader não se convenceu de não sofrer perdas e, como resultado, converteu o prejuízo temido em perda ainda maior; ou saiu de operação vencedora cedo demais; ou entrou em operação vencedora, mas dela não extraiu nenhum lucro, e então deixou que a operação se convertesse em perdedora; ou colocou uma ordem stop-loss perto demais do ponto de entrada, apenas para ser ejetado antes da hora e deparar com o mercado avançando em sua direção? Esses são apenas poucos dos muitos erros que os traders cometem contra si mesmos repetidas vezes.

Esses não são erros gerados pelo mercado. Ou seja, não são oriundos do mercado. O mercado é neutro, no sentido de que se movimenta e gera informação sobre si próprio. Movimento e informação fornecem a cada um de nós a oportunidade de fazer alguma coisa, mas isso é tudo! O mercado não tem nenhum poder sobre a maneira singular como cada trader percebe e interpreta essa informação, nem controla nossas decisões e iniciativas daí resultantes. Os erros que já mencionei e muitos outros resultam estritamente do que denomino "atitudes e perspectivas equivocadas em trading". Atitudes equivocadas que fomentam medo em vez de verdade e confiança.

Acho que não poderia descrever a diferença entre vencedores consistentes e todos os demais em termos mais simples: os melhores traders não têm medo. E não se atemorizam porque desenvolveram atitudes que lhes dão o mais alto grau de flexibilidade mental para afluir e refluir nas operações de mercado, com base no que o mercado lhes indica sobre as possibilidades, na perspectiva deles. Ao mesmo tempo, os melhores traders desenvolvem atitudes que os impedem de tornar-se imprudentes. Todos os demais têm medo, até certo ponto. Quando não receiam, tendem a se tornar displicentes e a criar o tipo de experiência para si próprios que os induzirá a ficar temerosos a partir desse ponto.

Noventa e cinco por cento dos erros em trading que você tende a cometer — fazendo o dinheiro evaporar diante de seus olhos — decorrerão de suas atitudes quanto a estar errado, perder dinheiro, ficar de fora e deixar dinheiro na mesa. São o que denomino os quatro erros primários em trading.

Talvez agora você esteja dizendo a si mesmo: "Não sei disso; sempre pensei que os traders deveriam ter um medo saudável do mercado". Mais uma vez, essa é uma suposição perfeitamente lógica e razoável. Quando se trata de trading, porém, seus medos agirão contra você de tal maneira que você fará acontecer de fato exatamente aquilo de que tem medo. Se você receia estar errado, seu medo atuará sobre a sua percepção das informações do mercado de maneira que o levará a fazer alguma coisa que o induzirá ao erro. Quando você está temeroso, não existem outras possibilidades, ainda que você de fato consiga percebê--las, porque o medo é paralisante. Fisicamente, leva-nos a ficar paralisado ou a fugir em disparada. Mentalmente, incita-nos a estreitar o foco de atenção no objeto que tememos. Isso significa que ideias sobre outras possibilidades, assim como sobre outras informações de mercado disponíveis, são bloqueadas. Você não pensará em tudo de racional que aprendeu sobre o mercado até não mais recear e o evento acabar. Então, você pensará consigo mesmo: "Eu sabia disso. Por que não tive essa ideia?" ou "Por que não pude agir na hora?".

É extremamente difícil perceber que a fonte desses problemas são nossas atitudes inadequadas. Isso é o que torna o medo tão insidioso. Muitos de nossos padrões de pensamento que afetam negativamente nossas operações de mercado são consequências das maneiras naturais como fomos induzidos a pensar e a encarar o mundo. Esses padrões de pensamento estão de tal modo arraigados que raramente nos ocorre que a fonte de nossas dificuldades em trading é interna, derivada de nosso estado mental. Decerto parece muito mais natural ver a fonte de

A ESTRADA PARA O SUCESSO: ANÁLISE FUNDAMENTALISTA, TÉCNICA OU MENTAL?

um problema como externa, no mercado, porque a sensação é de que o mercado está provocando nossa dor, frustração e insatisfação.

Obviamente, esses são conceitos abstratos e por certo não se trata de algo com que a maioria dos traders se preocupa. Entretanto, compreender as relações entre crenças, atitudes e percepções é tão fundamental em trading quanto aprender a dar o saque é primordial no tênis ou dar o swing é essencial no golfe. Em outros termos, compreender e controlar suas percepções das informações do mercado é importante somente na medida em que você quer alcançar resultados consistentes.

Digo isso porque há algo mais sobre trading que é tão verdadeiro quanto a afirmação que acabei de fazer: não é necessário saber nada sobre você ou sobre o mercado para entrar numa operação vencedora, da mesma maneira como não é preciso saber a forma adequada de girar a raquete de tênis ou o taco de golfe para conseguir uma boa jogada de tempos em tempos. Quando joguei golfe pela primeira vez, dei várias tacadas boas durante todo o jogo, embora nunca tivesse aprendido nenhuma técnica específica, mas meu escore ainda ficou acima de 120, em dezoito buracos. Obviamente, para melhorar minha pontuação total, precisei aprender a técnica.

Evidentemente, o mesmo princípio se aplica a trading. Precisamos da técnica para alcançar consistência. Mas que técnica? Esse é, efetivamente, um dos aspectos mais desconcertantes de aprender a operar no mercado com eficácia. Se não nos conscientizarmos nem compreendermos como nossas crenças e atitudes afetam nossa percepção das informações do mercado, parecerá que o comportamento do mercado é que está provocando a falta de consistência. Assim, será razoável supor que a melhor maneira de evitar perdas e tornar-se vencedor consistente é aprender mais sobre os mercados.

Esse laivo de lógica é uma armadilha em que caem quase todos os traders em algum momento, e parece fazer muito sentido. Essa abordagem, porém, não funciona. O mercado simplesmente oferece variáveis demais — não raro conflitantes — a serem consideradas. Além disso, não há limites para o comportamento do mercado. O mercado pode fazer qualquer coisa, a qualquer momento. De fato, como todos os traders são variáveis do mercado, é possível afirmar que qualquer trader sozinho pode precipitar praticamente qualquer acontecimento aleatório.

Isso significa que não importa quanto você aprenda sobre o comportamento do mercado, por mais brilhante que você seja como analista, você nunca saberá o suficiente para antecipar todas as maneiras possíveis de o mercado induzi-lo ao erro ou levá-lo a perder dinheiro. Portanto, se você tiver medo de cometer erros ou de perder dinheiro, você nunca saberá o suficiente para compensar os efeitos negativos desses temores sobre sua capacidade de ser objetivo e sobre sua habilidade de agir sem hesitação. Em outras palavras, você nunca se sentirá confiante em face da incerteza constante. A realidade dura e fria em trading é que o desfecho de toda operação é incerto. A não ser que você aprenda a aceitar completamente a possibilidade de um desfecho inesperado, você tentará evitar, de maneira consciente ou inconsciente, qualquer ocorrência que lhe pareça dolorosa. No processo, você estará suscetível a quaisquer erros autoinfligidos, por mais custosos que sejam.

Todavia, eu não estou sugerindo que não precisamos de alguma forma de análise de mercado ou de algum tipo de metodologia para identificar oportunidades; certamente precisamos. No entanto, análise de mercado não é o caminho para resultados consistentes. Não resolverá os problemas de trading criados pela falta de confiança, falta de disciplina e foco impróprio.

Quando você opera com base no pressuposto de que mais ou melhor análise gerará consistência, você será induzido a coletar tantas variáveis de mercado quantas forem possíveis em sua caixa de ferramentas de trading. Mas o que acontece, então? Você ainda se sente decepcionado e traído pelo mercado, sucessivas vezes, em razão de alguma coisa que você não viu ou para a qual não atentou o suficiente. Você sentirá que não pode confiar nos mercados; a realidade, porém, é que você não tem confiança em si mesmo.

Confiança e medo são estados mentais contraditórios que decorrem de suas crenças e atitudes. Ser confiante, atuando num ambiente em que você pode facilmente perder mais do que pretende arriscar, exige segurança absoluta em relação a si próprio. Contudo, você não será capaz de alcançar essa segurança se não tiver treinado a própria

A ESTRADA PARA O SUCESSO: ANÁLISE FUNDAMENTALISTA, TÉCNICA OU MENTAL?

mente para superar sua propensão natural a pensar de maneira contraproducente no esforço para ser um vencedor consistente como trader. Aprender a analisar o comportamento do mercado simplesmente não é o treinamento apropriado.

Você tem duas escolhas: tentar eliminar o risco, aprendendo tantas variáveis de mercado quanto possível (chamo esse processo de buraco negro da análise, porque é o caminho para o cúmulo da frustração), ou aprender a redefinir suas atividades de trading, de maneira a realmente aceitar o risco, para não mais ter medo.

Ao atingir um estado mental em que você realmente aceita o risco, você não mais tenderá a definir e interpretar as informações de mercado de maneira dolorosa. Ao eliminar a propensão para definir as informações de mercado de maneira dolorosa, você também dirime a tendência a racionalizar, hesitar, precipitar-se, esperar que o mercado lhe dê dinheiro, enfim, contar com o mercado para salvá-lo de sua incapacidade para cortar as perdas.

Enquanto você for suscetível aos tipos de erro resultantes da racionalização, das justificativas, das hesitações, das expectativas e das precipitações, você não será capaz de confiar em si mesmo. Se você não tiver autoconfiança para ser objetivo e para sempre agir em busca de seus melhores interesses, alcançar resultados consistentes será quase impossível. Tentar fazer algo que parece tão simples pode muito bem se tornar a atividade mais exasperante que você já praticou. A ironia é que, ao adotar a atitude adequada, ao cultivar a "mentalidade de trader" e se manter autoconfiante em face da incerteza constante, operar no mercado será tão fácil e simples quanto você provavelmente supunha ao tentar pela primeira vez.

Portanto, qual é a solução? Você precisa aprender a ajustar suas atitudes e crenças sobre trading de maneira a operar no mercado sem nenhum resquício de medo, mas ao mesmo tempo manter disponível uma estrutura conceitual que não lhe permita tornar-se imprudente. Isso é exatamente o que este livro pretende ensinar.

Ao avançar, gostaria que você se lembrasse de algo. O trader bem-sucedido que você quer ser é uma projeção futura de você mesmo, daquilo em que você quer se desenvolver. Esse desenvolvimento implica expansão, aprendizado e criação de uma nova maneira de se expressar. Isso é verdadeiro mesmo que você já seja um trader vitorioso e esteja lendo este livro para ser ainda mais vencedor. Muitas das novas maneiras como você aprenderá a se expressar estarão em conflito direto com as suas atuais ideias sobre a natureza das operações de mercado. Você pode ter ou não ter consciência de algumas dessas crenças. Em todo caso, o que você hoje considera verdadeiro sobre trading tentará persuadi-lo a manter a situação exatamente em seu estado atual, não obstante suas frustrações e resultados insatisfatórios.

Esses conflitos internos são naturais. Meu desafio neste livro é ajudá-lo a resolver esses conflitos da maneira mais eficiente possível. Sua disposição para considerar a existência de outras possibilidades — hipóteses de que você talvez não esteja consciente ou às quais quem sabe não tenha atentado o suficiente — obviamente tornará o processo de aprendizado mais rápido e mais fácil.

2.
O fascínio (e os perigos) de trading

EM JANEIRO DE 1994, FUI CONVIDADO A FALAR numa conferência de trading, em Chicago, patrocinada pela *Futures Magazine*. Num dos almoços, fiquei ao lado de um editor da principal editora de livros sobre trading. Estávamos conversando animadamente acerca dos motivos pelos quais tão poucas pessoas são bem-sucedidas em trading, mesmo aquelas que em outras áreas são muito realizadas. A certa altura, o editor me perguntou se uma possível explicação para esse fenômeno seria o fato de as pessoas entrarem em trading pelas razões erradas.

O fascínio

Tive de fazer uma pequena pausa para refletir um pouco. Concordo que muitas das razões típicas para as pessoas se sentirem motivadas a operar no mercado — a ação, a euforia, o desejo de ser um herói, a atenção que você pode atrair para si mesmo ao ganhar numa operação, ou a autopiedade que se manifesta ao perder — criam problemas que acabam comprometendo o desempenho e o sucesso do trader. O verdadeiro fascínio da atividade de trading, todavia, é muito mais fundamental e universal. Trading é uma atividade que oferece liberdade de expressão criativa quase ilimitada, uma liberdade de expressão que quase sempre nos é negada na maioria das situações da vida.

É claro que o editor me perguntou o que eu queria dizer com aquilo. Expliquei que no trading formulamos quase todas as normas. Em outras palavras, estamos sujeitos a muito poucas restrições ou fronteiras sobre o que escolhemos como meio de expressão. Estando em condições de começar a operar, as possibilidades são praticamente ilimitadas.

Prossegui para lhe dar um exemplo de um seminário do qual eu tinha participado vários anos antes. Alguém havia calculado que a combinação dos mercados de títulos futuros, opções sobre títulos e caução em dinheiro ofereceria mais de 8 bilhões de possíveis combinações de spread. Acrescentando as considerações de tempo, com base em como você lê as principais condições de mercado, as várias possibilidades de operação se tornam praticamente ilimitadas.

O editor ficou em silêncio por um momento e perguntou: "Mas por que ter acesso a um contexto tão irrestrito resultaria em fracassos contínuos?". Respondi: "Porque possibilidades ilimitadas a serem exploradas com liberdade ilimitada impõem desafios psicológicos singulares e específicos, que muito poucos estão aptos a enfrentar, dificuldades das quais, a propósito, nem mesmo têm consciência, e é difícil superar algum obstáculo quando nem sequer se sabe que é um problema".

A liberdade é ótima. Parece que obviamente todos a queremos, ansiamos por ela e até lutamos para conquistá-la. Mas isso não significa que temos os recursos psicológicos adequados para operar com eficácia em um ambiente com poucas fronteiras e até sem limites, embora capaz de nos infligir enormes danos. Quase todos precisamos fazer alguns ajustes mentais, quaisquer que sejam a formação escolar, o nível de inteligência e o sucesso em outros empreendimentos.

O tipo de ajuste de que estou falando tem a ver com criar uma estrutura mental que ofereça ao trader o mais alto grau de equilíbrio entre a liberdade para fazer alguma coisa e a hipótese de sofrer danos financeiros e psicológicos, como possíveis resultados diretos dessa liberdade.

Desenvolver uma atitude mental pode ser muito difícil, sobretudo se a mentalidade a ser cultivada estiver em conflito com aquilo em que

O FASCÍNIO (E OS PERIGOS) DE TRADING

você já acredita. No entanto, para quem quer ser trader, a dificuldade de criar a estrutura adequada é sempre agravada pelo acúmulo de resistência mental que começa a se formar nos primeiros estágios da vida.

Todos nós nascemos em algum tipo de ambiente social. Um ambiente social (ou sociedade), seja uma família, cidade, estado ou país, implica a existência de estrutura. Estruturas sociais consistem em regras, restrições, fronteiras e um conjunto de crenças, que se transformam em um código de comportamento, que por sua vez limita as maneiras como os indivíduos atuantes na estrutura social podem ou não se expressar. Ademais, a maioria das limitações da estrutura social foi estabelecida antes de nascermos. Em outras palavras, quando chegamos ao mundo, grande parte da estrutura social que governa nossa expressão individual já está instituída e arraigada.

É fácil compreender por que a necessidade de estrutura de uma sociedade e a necessidade de autoexpressão dos indivíduos podem estar em conflito. Todas as pessoas que querem dominar a arte de trading enfrentam exatamente esse conflito fundamental.

Gostaria que você se perguntasse que característica (forma de expressão pessoal) é comum a todas as crianças nascidas neste planeta, independentemente de localização, cultura ou condição social. A resposta é curiosidade. Toda criança é curiosa. Cada criança tem ânsia de aprender. As crianças podem ser descritas como pequenas máquinas de aprender.

Considere a natureza da curiosidade. Em seu nível mais fundamental, é uma força. Mais especificamente, é uma força introspectiva, no sentido de que não é preciso motivar uma criança a aprender algo. Espontaneamente, por conta própria, as crianças explorarão de forma natural suas cercanias. Além disso, essa força introspectiva também parece ter sua própria agenda; em outras palavras, embora todas as crianças sejam curiosas, nem todas são naturalmente curiosas sobre todas as coisas.

Algo dentro de nós direciona nossa consciência para certos objetos e tipos de experiência em detrimento de outros. Desde a mais tenra idade, as crianças sabem o que querem e o que não querem. Ao depararem com essas demonstrações singulares de individualidade por parte de uma criança pequena, os adultos geralmente se surpreendem. Presumimos que as criancinhas não têm nada dentro delas que as torna únicas em sua maneira de ser. De que outra maneira as crianças expressariam sua individualidade senão pelo que no ambiente as atrai e as afasta? Chamo de força das atrações naturais esse sistema de orientação interna.

As atrações naturais são simplesmente as coisas pelas quais sentimos um interesse natural ou passional. Nosso mundo é grande e diverso, e oferece a cada um de nós muito com que aprender e a experimentar. Isso não significa, porém, que tenhamos como indivíduos um interesse natural ou passional em aprender ou experimentar tudo isso. Algum mecanismo interno nos torna "naturalmente seletivos".

Se você pensar em tudo isso, estou certo de que você poderia listar muitas coisas a serem feitas e muitos atributos a serem cultivados nos quais você não tem absolutamente nenhum interesse. Sei que eu poderia. Você também poderia preparar outra lista das coisas pelas quais seu interesse é apenas marginal. Finalmente, você poderia listar tudo pelo que tem interesse passional. Evidentemente, as listas ficam menores à medida que seu nível de interesse aumenta.

De onde vem o interesse passional? Minha visão pessoal é que ele emana do nível mais profundo do nosso ser — onde se situa nossa verdadeira identidade. Deriva de uma camada subjacente às características e aos traços de personalidade que adquirimos em consequência de nossas interações sociais.

Os perigos

É no nível mais profundo de nosso ser que se situa o potencial para conflitos. A estrutura social em que nascemos pode ser insensível ou mais ou menos sensível a essas necessidades e a esses interesses arraigados. Por exemplo, você pode ter nascido em uma família de atletas extremamente competitivos, mas sentir interesse passional por música clássica ou arte. É até possível que você tenha capacidade atlética natural, mas nenhum interesse real em participar de eventos esportivos. Haveria aqui algum potencial para conflito?

O FASCÍNIO (E OS PERIGOS) DE TRADING

Numa família típica a maioria dos membros exerceria forte pressão para que você seguisse os exemplos de seus irmãos, irmãs ou pais. Eles fariam todo o possível para lhe ensinar as maneiras deles e a extrair o máximo de sua capacidade atlética. Eles o dissuadiriam de perseguir com seriedade quaisquer outros interesses. Você se submete a essas pressões porque não quer ser segregado, mas, ao mesmo tempo, fazer aquilo que lhe é impingido não parece certo, embora tudo o que você aprendeu e introjetou o empurre no sentido de se tornar um atleta. O problema é que você não se sente autêntico, seguindo sua verdadeira índole.

Os conflitos que resultam do que lhe ensinaram que você deve ser e os sentimentos que repercutem nos níveis mais profundos do seu ser não são incomuns. Eu diria que muita gente, se não a maioria, cresce numa família, ou num ambiente cultural, que pouco apoia ou simplesmente não apoia com objetividade e imparcialidade as maneiras singulares como nos sentimos compelidos a nos expressar.

Essa falta de apoio não é mera ausência de estímulo. Pode ser tão profunda quanto a rejeição ostensiva de alguma maneira peculiar de nos expressarmos. Por exemplo, vejamos uma situação comum: uma criança que está aprendendo a andar vê pela primeira vez o que chamamos "vaso de planta" na mesa do café. Ela fica curiosa, ou seja, alguma força interna a impele a explorar esse objeto. De certo modo, é como se esse impulso interno criasse um vácuo na mente da criança, a ser preenchido pelo objeto que lhe atraiu a atenção. Assim, ela só vê o vaso diante de si e, com um intuito deliberado, engatinha e tropeça pela ampla sala, até a mesa do café. Quando chega lá, estica-se na ponta dos pés, segura a beira da mesa e se põe de pé. Com uma das mãos, segura firme a mesa e mantém o equilíbrio; com a outra mão, alcança o objeto desconhecido. Naquele exato momento, ouve um grito que soa no outro lado da sala: "NÃO! NÃO TOQUE NISSO!".

Assustada, a criança cai sentada e começa a chorar. Obviamente, isso é muito comum e até inevitável. As crianças não têm nenhuma ideia de como podem se machucar e de quanto um vaso pode ser valioso. De fato, saber o que é e não é seguro e qual é o valor das coisas são lições importantes a serem aprendidas pelas crianças. No entanto, há em atuação aqui algumas dinâmicas psicológicas que afetam diretamente nossa capacidade de criar os tipos de disciplina e concentração necessários para operar no mercado mais tarde na vida.

O que acontece quando não temos a oportunidade de nos expressar da maneira como queremos ou quando somos forçados a nos expressar de modo que não corresponde ao processo de seleção natural? Essa experiência provoca um transtorno. Estar "transtornado" implica um desequilíbrio. Mas o que exatamente está desequilibrado? Para que algo esteja desequilibrado, é preciso que, para começo de conversa, outra coisa esteja em equilíbrio ou em igual proporção. Essa alguma coisa é a correspondência relativa entre nosso próprio espaço mental e o ambiente externo onde vivemos.

Em outras palavras, nossas necessidades e desejos se manifestam em nosso espaço mental e se realizam no ambiente externo. Se esses dois espaços forem compatíveis um com o outro, estamos em estado de equilíbrio interno e sentimos satisfação ou felicidade. Se esses espaços forem incompatíveis entre si, experimentamos insatisfação, raiva e frustração, ou o que geralmente é denominado dor emocional.

Agora, por que será que não conseguir o que queremos ou ser privado da liberdade de se expressar de determinada maneira nos impõe dor emocional? Minha teoria pessoal é que as necessidades ou desejos criam vácuos mentais. O universo em que vivemos tem uma tendência natural a não tolerar o vácuo e a movimentar-se para preenchê-lo, onde quer que esteja. (O filósofo Spinoza observou, séculos atrás, que "a natureza tem horror ao vácuo".) Sugue o ar de uma garrafa e sua língua e lábios aderirão à boca da garrafa, porque você criou um desequilíbrio (um vácuo), que agora deve ser preenchido. Qual é a dinâmica por trás da expressão "A necessidade é a mãe de todas as invenções"? É o reconhecimento de que uma necessidade cria um vácuo mental que o universo preencherá com pensamentos inspiradores (se a sua mente for receptiva). Os pensamentos, por sua vez, podem inspirar movimentos e expressões que fazem aquela necessidade ser atendida.

A esse respeito, acho que nosso espaço mental trabalha como o universo total. Quando reconhecemos uma necessidade ou um desejo, nós nos movimentamos para preencher o vácuo com uma experiência no ambiente externo. Se formos privados da oportunidade de perseguir o

O FASCÍNIO (E OS PERIGOS) DE TRADING

objeto dessa necessidade ou desejo, ficamos literalmente com a sensação de que não estamos inteiros, de que algo está faltando, o que nos deixa num estado de desequilíbrio ou dor emocional. (Será que nossa mente também tem horror ao vácuo, assim que surge?)

Tire um brinquedo de uma criança que ainda não terminou de brincar (por melhores que sejam as suas razões), e a resposta universal será a dor emocional.

Ao chegar aos dezoito anos, estamos na Terra há aproximadamente 6470 dias. Em média, quantas vezes por dia a criança típica ouvirá afirmações como:

- "Não, não, você não pode dizer isso."
- "Você não pode fazer dessa maneira. Você tem de fazer assim."
- "Agora, não; quero pensar um pouco."
- "Vou te mostrar."
- "Não pode fazer."
- "Por que você acha que pode fazer isso?"
- "É preciso fazer isso. Você não tem escolha."

Essas são apenas algumas das maneiras relativamente simpáticas de todos nós sermos coibidos de manifestações individuais, à medida que crescemos. Se ouvirmos essas afirmações apenas uma ou duas vezes por dia, ainda teremos ouvido vários milhares de negativas quando chegarmos à idade adulta.

Chamo essas experiências de "negação de impulsos de aprender" — arroubos que se baseiam em uma necessidade interna, provenientes da parte mais profunda de nossa identidade e remanescentes do processo de seleção natural.

O que acontece com todos esses impulsos que foram rejeitados e frustrados? Será que simplesmente se dispersam? É possível, caso sejam conciliados de alguma maneira: se fizermos ou se alguém fizer alguma coisa para reequilibrar nosso espaço mental. Como se pode alcançar esse resultado? Muitas são as técnicas. A mais natural, em particular para uma criança, é simplesmente chorar.

Chorar é um mecanismo natural (próprio da natureza) para conciliar esses impulsos rejeitados e frustrados. Os pesquisadores científicos descobriram que as lágrimas são compostas de íons com carga negativa. Se puder seguir seu curso natural, o choro expele a energia negativa de nossa mente e restabelece o estado de equilíbrio, mesmo que o impulso natural nunca seja realizado.

O problema é que, na maioria das vezes, não se permite que os acontecimentos sigam seu curso natural e os impulsos rejeitados nunca são conciliados (pelo menos, enquanto somos crianças). Muitas são as razões por que os adultos não gostam quando os filhos choram (sobretudo os meninos) e fazem tudo o que for possível para desencorajar esse comportamento. Há igualmente muitas razões pelas quais os adultos não se incomodam em explicar às crianças por que elas estão sendo forçadas a fazer alguma coisa que não querem fazer. Mesmo que os adultos tentem, nada garante que eles sejam eficazes o suficiente para conciliar o desequilíbrio. O que acontece se esses impulsos não forem conciliados?

Eles se acumulam e geralmente acabam se manifestando em numerosos padrões de comportamento viciantes e compulsivos. Uma regra prática muito imprecisa é a seguinte: o que quer que acreditemos nos ter sido negado na infância pode facilmente se tornar vício ao nos tornarmos adultos. Por exemplo, muita gente é viciada em atenção. Refiro-me a pessoas que fazem quase tudo para atrair a atenção para si próprias. A razão mais comum para esse comportamento é acharem que não receberam muita atenção quando eram jovens ou quando mais precisavam dela. Em todo caso, a privação se converte em energia emocional não resolvida que os impelirá a se comportar de maneira a satisfazer o vício. O que é importante compreender sobre esses impulsos rejeitados e não conciliados (latentes em todos nós) é como eles afetam nossa capacidade de manter o foco e de adotar abordagens disciplinadas e consistentes em nossas operações de mercado.

As salvaguardas

Para operar com eficácia em trading, precisamos de regras e fronteiras para orientar nosso comportamento. É fato simples que as operações de mercado têm potencial para nos infligir enormes danos — cujas

O FASCÍNIO (E OS PERIGOS) DE TRADING

consequências podem ser desproporcionais ao que consideramos possível. Muitas são as espécies de operações de mercado em que o risco de perdas é ilimitado. Para evitar a possibilidade de nos expor a danos, precisamos desenvolver uma estrutura interna na forma de disciplina mental específica e uma perspectiva que oriente nosso comportamento, de modo a sempre agirmos de acordo com nossos melhores interesses. Essa estrutura tem de existir em cada um de nós porque, ao contrário da sociedade, o mercado não a fornece.

Os mercados oferecem estrutura na forma de padrões de comportamento que indicam quando existe uma oportunidade de comprar ou vender. Mas esse é o ponto em que termina a estrutura — com uma simples indicação. Afora isso, na perspectiva de cada indivíduo, não há regras formais para orientar nosso comportamento. Não há nem mesmo começos, meios ou fins, como em praticamente qualquer outra atividade de que participemos.

Essa é uma distinção extremamente importante, com profundas implicações psicológicas. O mercado é como uma corrente em constante movimentação. Não começa, para ou espera. Mesmo quando o mercado está fechado, os preços ainda estão em formação. Não há nenhuma regra determinando que o preço de abertura de um dia deve ser o preço de fechamento do dia anterior. Nada do que fazemos em sociedade nos prepara adequadamente para atuarmos com eficácia em tal ambiente "sem fronteiras".

Mesmo os jogos de apostas têm estruturas intrínsecas que os tornam muito diferentes das operações de mercado, e muito menos perigosos. Por exemplo, se decidirmos jogar blackjack, a primeira coisa que temos de fazer é decidir quanto vamos apostar ou arriscar. Essa é uma escolha que somos obrigados a fazer pelas regras do jogo. Sem essa escolha, não podemos jogar.

Em trading, ninguém (exceto você mesmo) o forçará a decidir antecipadamente qual é o seu risco. De fato, o que temos é um ambiente ilimitado, onde praticamente tudo pode acontecer a qualquer momento, e somente os vencedores consistentes definem o risco antes de entrar na operação. Para todo o resto, definir o risco de antemão significa confrontar a realidade de que cada operação tem um desfecho provável,

43

no sentido de que pode ser um prejuízo. Os perdedores consistentes fazem quase tudo para não aceitar a realidade de que, por melhor que pareça a operação, é possível perder. Sem a presença de uma estrutura externa que force o trader típico a pensar de outra maneira, ele fica sujeito a numerosas justificativas, racionalizações e ao tipo de lógica distorcida que lhe permitirá iniciar uma operação acreditando que não será possível perder, o que torna irrelevante a estimativa prévia do risco.

Todos os jogos de aposta têm início, meio e fim especificados, com base numa sequência de eventos que determinam o desfecho do jogo. Depois de decidir que participará, não é possível retroceder — você entrou para ficar até o fim. Isso não é verdade nas operações de mercado. Em trading, os preços estão em constante movimentação, nada começa até você decidir que é hora, a operação perdura enquanto você quiser e não termina até que seja essa a sua vontade. Não importa o que você tenha planejado ou pretendido fazer, diversos fatores psicológicos podem entrar em ação, dispersando a sua atenção, mudando a sua opinião, assustando-o ou tranquilizando-o; em outras palavras, levando-o a comportar-se de maneira errática e impulsiva.

Como os jogos de apostas têm um fim formal, eles obrigam os participantes a serem perdedores ativos. Se você estiver em maré de perdas, não há como continuar perdendo sem uma decisão consciente nesse sentido. O fim de cada jogo é o início de um novo jogo, e será preciso tomar a iniciativa de arriscar novos recursos, metendo a mão no bolso ou empurrando algumas fichas para o centro da mesa.

Trading não tem um fim formal. O mercado não o afastará de uma sucessão de ganhos ou perdas. Se você não contar com uma estrutura mental adequada para finalizar uma operação de mercado de maneira que atenda aos seus melhores interesses, você pode se tornar um perdedor passivo. Isso significa que, se você estiver numa operação de mercado perdedora, não será necessário fazer alguma coisa para continuar perdendo. Você nem mesmo precisa ficar atento e observar. Você pode simplesmente ignorar a situação, e o mercado tirará tudo o que é seu — e mais.

Uma das muitas contradições de trading é oferecer uma bendição e uma maldição ao mesmo tempo. A bendição consiste em que, talvez pela

O FASCÍNIO (E OS PERIGOS) DE TRADING

primeira vez na vida, temos controle absoluto sobre tudo o que fazemos. A maldição significa que não há regras externas nem fronteiras restritivas para orientar ou estruturar nosso comportamento. As características ilimitadas do ambiente de trading exigem que atuemos com algum grau de comedimento e autocontrole, pelo menos se quisermos construir algum nível de sucesso consistente. A estrutura necessária para orientar nosso comportamento tem de emergir de nossa mente, como ato de livre-arbítrio consciente. É aqui que começam os muitos problemas.

PROBLEMA: A RELUTÂNCIA EM CRIAR REGRAS

Ainda não encontrei ninguém interessado em trading que não tenha resistido à ideia de criar um conjunto de regras. A resistência nem sempre é aberta. Muito pelo contrário, é geralmente bem sutil. Concordamos, de um lado, que as regras fazem sentido, mas realmente não temos intenção de fazer qualquer coisa que esteja sendo sugerida. A resistência pode ser intensa, e tem sua origem lógica.

Grande parte de nossa estrutura mental resulta de nosso desenvolvimento social e se baseia em escolhas feitas por outras pessoas. Em outras palavras, ela nos foi instilada na mente, mas não é nossa criação mental. Essa é uma distinção muito importante. No processo de instilação da estrutura, muitos de nossos impulsos naturais para nos movimentar, para nos expressar e para nos conscientizar da natureza de nossa existência, por meio de nossas experiências diretas, nos foram tolhidos. Muitos desses impulsos frustrados nunca foram conciliados e ainda subjazem em nosso interior como recalque, raiva, decepção, culpa ou até ódio. O acúmulo desses sentimentos negativos atua como força no âmago de nosso ambiente mental, induzindo-nos a resistir a tudo que nos prive de nossa liberdade de fazer e de ser o que quisermos, quando quisermos.

Em outras palavras, a razão em si do fascínio da atividade de trading, primeiramente, é a liberdade ilimitada de expressão criativa — é a mesma razão de sentirmos resistência natural à criação dos tipos de regras e fronteiras que podem orientar adequadamente nosso comportamento. É como se tivéssemos encontrado uma utopia em que há completa liberdade, e, então, alguém nos dá uma batida no ombro e diz: "Ei, você precisa criar regras, e não só isso, você também tem de desenvolver a disciplina necessária para cumpri-las".

A necessidade de regras pode fazer todo o sentido, mas talvez seja difícil gerar motivação para reforçar essas regras quando passamos a vida tentando nos libertar delas. Em geral, superar nossa resistência à constituição e à observância de um regime de operações de mercado organizado e consistente, de acordo com diretrizes prudentes de gestão do dinheiro, envolve muita dor e sofrimento.

Não estou sugerindo, porém, que seja preciso conciliar todas as suas frustrações e decepções no passado para se tornar um trader bem-sucedido, porque esse não é o caso. E você decerto não precisa sofrer. Trabalhei com muitos traders que alcançaram os seus objetivos de consistência e não fizeram nada para conviver com o acúmulo de impulsos contidos. No entanto, estou sugerindo que não se pode dar como certa a intensidade de esforço e foco a serem empenhados na construção do tipo de estrutura mental que compensa o efeito negativo que os impulsos rejeitados possam exercer sobre a sua capacidade de desenvolver as habilidades que garantirão seu sucesso como trader.

PROBLEMA: A FALHA DE NÃO ASSUMIR RESPONSABILIDADE

Trading pode ser caracterizado como pura escolha pessoal, livre e desimpedida, com um desfecho imediato. Lembre-se, nada acontece até decidirmos começar; dura quanto quisermos; e não termina até pararmos. Todos esses inícios, meios e fins são o resultado de nossa interpretação das informações disponíveis e da maneira como escolhemos agir com base em nossa interpretação. Agora, talvez queiramos a liberdade de fazer escolhas, mas isso não significa que estejamos prontos e dispostos a aceitar a responsabilidade pelos desfechos. Os traders que não estão preparados para aceitar a responsabilidade pelos desfechos de suas interpretações depararão com um dilema: como participar de uma atividade que permite completa liberdade de escolha e que, ao mesmo

O FASCÍNIO (E OS PERIGOS) DE TRADING

tempo, propicia a evasão de responsabilidade se o desfecho inesperado das próprias escolhas for recebido de mau grado.

A realidade dura da atividade de trading é que, se você quiser criar consistência, é preciso partir da premissa de que, não importa qual seja o desfecho, você é totalmente responsável. Esse é um nível de responsabilidade a que poucas pessoas aspiram antes de resolverem se tornar traders. A maneira de não assumir responsabilidade é adotar um estilo de trading que seja, para todas as intenções e propósitos, aleatório. Defino trading aleatório como operações de mercado mal planejadas ou de todo não planejadas. É uma abordagem desorganizada que leva em consideração um conjunto ilimitado de variáveis de mercado, que não lhe permitem descobrir o que funciona e o que não funciona.

Aleatoriedade é liberdade desestruturada, sem responsabilidade. Quando operamos sem planos ou com um conjunto ilimitado de variáveis, é muito fácil assumir o mérito pelas operações cujo desfecho recebemos de bom grado (porque se baseou em "algum" método). Ao mesmo tempo, é muito fácil esquivar-se da responsabilidade pelas operações que não acabam como queríamos (porque sempre há alguma variável que ignorávamos e que, portanto, não podia ser considerada de antemão).

Se o comportamento do mercado fosse realmente aleatório, então seria difícil, se não impossível, alcançar consistência. Se for impossível ser consistente, então realmente não podemos assumir responsabilidade. O problema com essa lógica é que a nossa experiência direta com os mercados nos diz algo diferente. Os mesmos padrões de comportamento se apresentam sucessivas vezes. Ainda que o desfecho de cada padrão seja aleatório, o desfecho de uma série de padrões é consistente (estatisticamente confiável). Isso é um paradoxo, mas é facilmente resolvido com uma abordagem disciplinada, organizada e consistente.

Trabalhei com inúmeros traders que passavam horas fazendo análises de mercado e planejando operações para o dia seguinte. Só que, em vez de entrarem nas operações que haviam planejado, eles faziam outra coisa. As operações que eles de fato executavam eram geralmente as ideias de amigos ou as dicas de corretores. Acho que nem preciso dizer que as operações que eles haviam planejado de início, mas não executaram, eram quase sempre as grandes vencedoras do dia. Esse é um

47

exemplo clássico de como somos suscetíveis a operações de mercado desestruturadas e aleatórias — porque queremos evitar a responsabilidade.

Ao seguirmos nossas próprias ideias, exploramos antes nossas capacidades criativas e depois obtemos feedback instantâneo de até que ponto nossas ideias foram eficazes. É muito difícil racionalizar quaisquer resultados insatisfatórios. Por outro lado, ao entrarmos numa operação aleatória, não planejada, é muito mais fácil evadir-se da responsabilidade, culpando o amigo ou o corretor pelas más ideias.

Há algo mais sobre a natureza das operações de mercado que facilita fugir da responsabilidade oriunda da criação de estrutura e que favorece a prática de operações de mercado aleatórias: é o fato de que qualquer operação pode ser vencedora, até grande vencedora. Essa grande operação vitoriosa pode vir ao seu encontro por acaso, seja você um analista diligente ou displicente; assuma ou não assuma você a responsabilidade. É preciso esforço para adotar a espécie de abordagem disciplinada que é necessária para se tornar um vencedor consistente. Como se vê, porém, é muito fácil evitar esse tipo de trabalho mental e adotar uma abordagem aleatória, indisciplinada.

PROBLEMA: O VÍCIO DE RECOMPENSAS ALEATÓRIAS

Vários estudos foram realizados sobre os efeitos psicológicos de recompensas aleatórias em macacos. Por exemplo, se você ensinar um macaco a executar uma tarefa e recompensá-lo consistentemente a cada vez que a tarefa é executada, o macaco logo aprenderá a associar um resultado específico ao esforço dele. Se você deixar de recompensar o macaco pelo esforço, em pouco tempo ele simplesmente parará de executar a tarefa. O animal também aprende que não mais será recompensado e não desperdiçará energia para fazer alguma coisa pela qual não será premiado.

No entanto, a resposta do macaco à eliminação da recompensa será muito diferente se você adotar um padrão puramente aleatório, em vez de consistente. Quando você deixa de oferecer a recompensa, o macaco não sabe que deixará de ser recompensado pela execução da tarefa. Sempre que era recompensado no passado, a recompensa

O FASCÍNIO (E OS PERIGOS) DE TRADING

chegava como surpresa. Em consequência, na perspectiva do macaco, não há razão para deixar de executar a tarefa. Ele continua a realizá-la, mesmo não sendo recompensado pelo trabalho. Alguns prosseguirão indefinidamente.

Não sei ao certo por que somos suscetíveis a nos viciarmos em recompensas ao acaso. Se eu tivesse de adivinhar, diria que provavelmente tem algo a ver com substâncias químicas indutoras de euforia que são liberadas no cérebro quando experimentamos uma surpresa prazerosa e inesperada. Se a recompensa for aleatória, nunca saberemos com certeza se e quando a receberemos, não sendo difícil despender energia e recursos na esperança de experimentar outra vez a sensação maravilhosa da surpresa. Com efeito, para muita gente, talvez seja muito viciante. Por outro lado, quando esperamos determinado desfecho, e ele não ocorre, ficamos decepcionados e nos sentimos mal. Se o fizermos de novo e tivermos o mesmo desfecho decepcionante, é improvável que continuemos fazendo algo que nos acarretará dor emocional.

O problema de qualquer vício é nos deixar em estado de "falta de escolha". Qualquer que seja o grau em que o vício dominar nosso estado mental, com a mesma intensidade nosso foco e esforço serão direcionados para a satisfação do anseio imposto pelo vício. Outras possibilidades que existam a qualquer momento para atender a outras necessidades (como a de autoconfiança e de não sujeição a excesso de ativos de risco) são ignoradas ou descartadas. Nós nos sentimos impotentes para agir de qualquer outra maneira que não supra as demandas do vício. A dependência de recompensas aleatórias é especialmente problemática para os traders, por ser outra fonte de resistência à criação da espécie de estrutura mental que produz consistência.

PROBLEMA: CONTROLE EXTERNO VERSUS INTERNO

A educação nos programou para funcionar em ambiente social, ou seja, desenvolvemos certas estratégias de pensamento para atender a nossas necessidades, quereres e desejos que são direcionados para a interação social. Não só aprendemos a depender uns dos outros para preencher as necessidades, quereres e desejos que não podemos suprir completamente por conta própria, mas também, no processo, adquirimos muitas técnicas de controle e manipulação de natureza social para garantir que outras pessoas se comportem de maneira compatível com o que queremos.

O mercado pode parecer um empreendimento social, por envolver tantas pessoas, mas não é. Se, na sociedade moderna de hoje, aprendemos a depender uns dos outros para suprir as nossas necessidades básicas, nesse caso o ambiente de mercado (ainda que no contexto de uma sociedade moderna) pode ser caracterizado como selva psicológica, onde realmente é cada um por si.

Além de não podermos contar com o mercado para fazer alguma coisa por nós, também é extremamente difícil, se não impossível, manipular ou controlar qualquer coisa que o mercado faça. Agora, se formos eficazes em preencher nossas necessidades, quereres e desejos, aprendendo a controlar e a manipular nosso ambiente, mas de repente nos virmos, como traders, em um contexto que não conhece, cuida ou responde a qualquer coisa que seja importante para nós, onde ficamos? Acerta quem responder: em um beco sem saída.

Uma das principais razões de tanta gente vitoriosa ter fracassado miseravelmente em trading é o fato de o sucesso delas ser atribuível em parte à capacidade de manipular e controlar o ambiente social, para que este responda ao que quiserem. Até certo ponto, todos nós aprendemos ou desenvolvemos técnicas para ajustar o ambiente externo ao nosso ambiente mental (interno). O problema é que nenhuma dessas técnicas é eficaz no mercado. O mercado não reage a controle e manipulação (a não ser que você seja um trader muito grande).

No entanto, podemos controlar nossa percepção e interpretação das informações de mercado, assim como nosso comportamento. Em vez de controlar nosso contexto, para que se conforme à nossa ideia de como devem ser as coisas, podemos aprender a nos controlar. Assim, passamos a perceber as informações sob a perspectiva mais objetiva possível e a estruturar nosso ambiente mental para que sempre nos comportemos de maneira compatível com nossos melhores interesses.

3.
Assumindo responsabilidade

EMBORA AS PALAVRAS "ASSUMINDO RESPONSABILIDADE" soem simples, o conceito não é fácil de apreender nem de pôr em prática nas suas operações de mercado. Todos ouvimos com tanta frequência essas palavras e confrontamos tantas vezes a necessidade de assumir responsabilidade que é fácil dar como certo que sabemos exatamente o que essa expressão significa.

Assumir responsabilidade nas operações de mercado e aprender os princípios de sucesso adequados são necessidades indissociáveis. Você precisa compreender, com todas as fibras do seu ser, as maneiras como você é e não é responsável pelo seu sucesso como trader. Só então poderá desenvolver as características que lhe permitirão juntar-se ao grupo seleto de traders que são consistentemente bem-sucedidos no mercado.

No final do capítulo 1, introduzi a ideia de lançar-se numa projeção futura de você mesmo. Em outras palavras, o trader consistentemente bem-sucedido que você quer ser ainda não existe. Você precisa construir uma nova versão de si próprio, assim como um escultor molda a imagem de um modelo.

Moldando seu ambiente mental

As ferramentas que você usará para criar essa nova versão de si mesmo são a sua disposição e o seu anseio de aprender, sob o impulso de sua paixão por vencer. Se a sua disposição e o seu anseio de aprender são suas ferramentas básicas, quais são, então, os seus materiais? Um artista que esteja cinzelando uma escultura pode escolher diversos materiais — cerâmica, mármore ou metal, por exemplo —, mas se você quiser modelar uma nova versão de sua personalidade, que a expresse como trader consistentemente bem-sucedido, você precisa apenas de suas crenças e atitudes. A matéria-prima para o seu empreendimento artístico será a sua compleição mental, em que, com o seu desejo de aprender, você pode reestruturar e instalar as crenças e atitudes necessárias para alcançar seu objetivo derradeiro.

Suponho que o seu objetivo derradeiro seja consistência. Como a maioria dos traders, você talvez não se dê conta de todo o potencial das oportunidades disponíveis. Para realizar cada vez mais esse potencial, para torná-lo cada vez mais real em sua vida, seu objetivo básico deve consistir em aprender a pensar como um trader vitorioso.

Lembre-se: os melhores traders pensam à sua própria maneira, com exclusividade. Eles desenvolveram uma estrutura mental que lhes permite operar no mercado sem medo e que, ao mesmo tempo, evita que se tornem negligentes e cometam erros resultantes do medo. Essa mentalidade tem numerosos componentes, mas o resultado final é que os traders vencedores praticamente eliminaram os efeitos do medo e da negligência em suas operações de mercado. Essas duas características fundamentais os capacitam a alcançar resultados consistentes.

Ao se imbuir dessa mentalidade, também você será capaz de operar no mercado com destemor. Você não mais estará sujeito a erros motivados pelo medo, oriundos de um processo de racionalização inconsciente que o leva a distorcer informações, a hesitar, a se precipitar ou a esperar demais. Ao se libertar do medo, você já não terá motivações para cometer esses erros e, como resultado, eles virtualmente desaparecerão de suas operações de mercado.

No entanto, eliminar o medo é só metade da questão. A outra metade é a necessidade de desenvolver restrições. Excelentes traders aprenderam que é essencial cultivar disciplina interna ou um mecanismo mental para compensar os efeitos negativos da euforia ou do excesso de confiança decorrente de uma sucessão de operações de mercado exitosas. Vencer é extremamente perigoso para o trader que não aprendeu a se monitorar e a se controlar.

Partimos da premissa de que para criar consistência os traders devem concentrar seus esforços no desenvolvimento de uma mentalidade de trader; assim, é fácil compreender por que tantos traders não são bem-sucedidos. Em vez de aprender a pensar como traders, eles tentam descobrir como ganhar mais dinheiro, conhecendo melhor o mercado. É quase impossível não cair nessa armadilha. Diversos fatores psicológicos tornam muito fácil presumir que seus desconhecimentos sobre o mercado é que acarretam suas perdas e a falta de resultados consistentes.

Contudo, esse não é o caso. A consistência que você busca está na sua mente, não no mercado. São as atitudes e crenças sobre estar errado e perder dinheiro e a propensão a se tornar negligente, ao se sentir bem, que provocam a maioria dos insucessos — não o domínio de técnicas ou o conhecimento do mercado.

Por exemplo, se você pudesse escolher uma das duas seguintes técnicas para gerenciar o seu dinheiro, qual seria a sua escolha? O primeiro trader usa uma técnica de trading simples, talvez até medíocre, mas desenvolveu uma mentalidade que não o deixa propenso a distorcer inconscientemente as informações do mercado, a hesitar, a racionalizar, a esperar demais e a se precipitar. O segundo trader é um analista excepcional, mas ainda está operando sujeito a todos os medos típicos que o deixam suscetível a todas as mazelas psicológicas a que o outro operador está imune. A escolha certa deve ser óbvia. O primeiro operador obterá resultados muito melhores com o seu dinheiro.

Atitudes produzem melhores resultados totais do que análises ou técnicas. Obviamente, a solução ideal é ter ambas as características, mas você não precisa das duas, porque, tendo a atitude adequada — a mentalidade certa —, então tudo o mais em trading será relativamente fácil, até simples, e por certo muito mais divertido. Sei que, para alguns leitores, isso pode parecer inverossímil, ou até desconcertante, sobretudo se você estiver lutando há anos para aprender tudo o que for possível sobre o mercado.

Curiosamente, a maioria dos traders está mais perto da maneira como devem pensar quando começam a operar no mercado do que em qualquer outra época da carreira. Muitas pessoas começam a operar no mercado com um conceito um tanto irrealista de seus perigos imanentes, tendência ainda mais forte se a sua primeira operação for vitoriosa. Elas entram, então, na segunda operação com ainda menos medo ou nenhum medo. Se esta também for bem-sucedida, elas embarcam na seguinte com ainda menos preocupação com o que do contrário seria uma possibilidade de perda inaceitável. Cada vitória subsequente as convence de que não há nada a temer e de que trading é a maneira mais fácil possível de ganhar dinheiro.

Essa falta de medo se converte em um estado mental despreocupado, de relaxamento, semelhante ao "flow", ou estado de flow. Quem alguma vez teve a oportunidade de experimentar esse estado em algum esporte sabe que é uma condição em que não há absolutamente medo algum, em que você age e reage por instinto. Você não pondera as alternativas nem considera as consequências, e tampouco pratica a autocrítica. Você está vivendo o momento presente e imerso no que está fazendo. Seja o que for, é o que deve ser feito.

A maioria dos atletas nunca alcança esse nível de desempenho porque nunca supera o medo de cometer um erro. Os atletas que chegam a esse ponto em que não têm absolutamente nenhum medo das consequências de estragar tudo geralmente, de maneira muito espontânea, entrarão em "flow". A propósito, o flow psicológico não é uma condição em que se entra à vontade, da mesma maneira como se decide realizar uma proeza de resistência. É um estado mental de autoimersão, essencialmente criativo, e, em geral, quando você começa a pensar em suas ações em nível racional ou consciente, você logo emerge do flow.

Embora seja impossível impor-se o flow, nele imergindo a qualquer momento, é possível estabelecer as condições mentais mais propícias a experimentar o flow, desenvolvendo uma atitude vencedora positiva.

Defino atitude vencedora positiva como esperar um resultado positivo de seus esforços, aceitando que qualquer resultado que você obtenha é um reflexo perfeito de seu nível de desenvolvimento e do que você precisa aprender para alcançar melhor resultado.

Essa é o atributo dos grandes atletas: uma atitude vencedora que os capacita a superar facilmente seus erros e a continuar avançando. Outros se afundam em autocrítica negativa, em arrependimento e em autopiedade. Poucas pessoas chegam a desenvolver uma atitude vencedora construtiva. A anomalia curiosa em trading é que, se a sua primeira operação for vitoriosa, você experimentará o tipo de mentalidade despreocupada que é um subproduto da atitude vencedora. Sei que isto soa um pouco confuso, mas tem algumas implicações profundas.

Se algumas poucas operações de mercado vitoriosas podem levá-lo a entrar no tipo de estado mental despreocupado que é componente essencial do sucesso, mas não se fundamenta em atitudes adequadas, o que se tem é a receita exata para um equívoco extremo sobre a natureza das operações de mercado, que resulta inevitavelmente em desastre emocional e financeiro.

Desenvolver algumas operações de mercado vitoriosas, mesmo que com alguma frequência, não o transforma em trader, mas lhe dá essa sensação, porque desperta um estado mental que apenas os profissionais mais rematados experimentam de maneira consistente. O fato é que não se precisa de muitas habilidades para executar uma operação vitoriosa, e, se é possível realizar uma operação exitosa sem a mínima qualificação, também é certamente possível realizar muitas outras. Conheço muita gente que começou a carreira de trader com uma sucessão de operações bem-sucedidas.

Quando você se sente confiante, destemido e descontraído, não é difícil realizar uma série de operações de mercado exitosas, porque é fácil entrar em flow, uma espécie de ritmo natural, no qual o que você precisa fazer parece óbvio ou evidente. É quase como se o mercado gritasse para você quando comprar e quando vender, e você precisa de muito pouca sofisticação analítica. E, claro, como você não tem medo, consegue executar suas operações sem questionamentos nem conflitos internos.

O ponto que estou salientando é que o sucesso em qualquer esforço é acima de tudo uma questão de atitude. Muita gente por certo sabe disso, mas, ao mesmo tempo, a maioria das pessoas não compreende a importância da atitude em seus resultados. Na maioria dos esportes e em outras atividades competitivas, os participantes devem desenvolver habilidades físicas e mentais, na forma de estratégias. Se os adversários não forem mais ou menos do mesmo nível, os mais habilidosos geralmente vencem, mas nem sempre. Quando um azarão supera o favorito, qual é o fator determinante? Quando dois adversários estão equilibrados, que fator inclina a balança para um ou outro? Em ambos os casos, a resposta é atitude.

O que torna a atividade de trading tão fascinante e ao mesmo tempo tão difícil de aprender é que você realmente não precisa de muitas habilidades; basta uma atitude vencedora genuína. A experiência de algumas operações de mercado vitoriosas pode levá-lo a sentir-se vencedor, e esse sentimento é o que impulsiona uma sucessão de vitórias. Por isso é que um trader novato pode realizar uma série de operações de mercado exitosas, quando muitos dos melhores analistas de mercado de um setor dariam o braço direito para conseguir os mesmos resultados. Esses analistas têm as habilidades, mas não cultivam a atitude vencedora. Eles estão operando com medo. O trader experimenta a sensação de atitude vencedora porque não está com medo. Isso, porém, não significa que ele esteja imbuído de uma atitude vencedora; apenas denota que ele não experimentou nenhuma dor em suas operações de mercado para deixá-lo com medo.

Reagindo a perdas

Por fim, nosso trader novato um dia cometerá um erro e enfrentará uma perda, por mais positivo que ele esteja se sentindo. Errar e perder são realidades inevitáveis em trading. A atitude mais positiva imaginável associada com as melhores habilidades analíticas não pode proteger o trader de acabar vivenciando uma operação malsucedida. Os mercados são simplesmente erráticos demais, e tantas

ASSUMINDO RESPONSABILIDADE

são as variáveis a serem consideradas que nenhum trader é capaz de acertar todas as vezes.

O que acontece quando o trader novato perde pela primeira vez? Qual será o efeito dessa perda sobre seu estado mental despreocupado? As respostas dependem do que o trader espera da operação e de como interpreta a experiência. E sua interpretação da experiência é função de suas crenças e atitudes.

E se ele estiver operando sob a crença de que não há como evitar perdas, pois perder é consequência natural da atividade de trading, não diferente, digamos, do dono de restaurante que incorre nas despesas de ter de comprar alimentos? Ademais, suponha que ele tenha aceitado completamente o risco, no sentido de que tenha considerado e admitido tudo o que do contrário seriam possibilidades inaceitáveis no comportamento do mercado, dos pontos de vista financeiro e emocional. Com essas crenças e expectativas, dificilmente sua atitude positiva esmoreceria; o mais provável é que ele simplesmente partisse para a próxima operação. A propósito, esse é um exemplo do conjunto ideal de crenças e atitudes em trading.

Agora, suponha que ele não tenha aceitado completamente o risco. E se suas expectativas não levarem em conta nenhum comportamento do mercado que não seja o almejado? Nessa perspectiva mental, se o mercado não fizer o que ele quiser, o trader sentirá dor — dor emocional. Expectativas são nossas representações mentais de como algum momento futuro em nosso contexto parecerá, soará, cheirará, será saboreado e será sentido. Dependendo de quanta energia depositamos na expectativa, a frustração poderá ser muito dolorosa.

Das duas diferentes perspectivas que acabei de descrever, qual delas tende a ser a de nosso trader novato? A segunda, é óbvio. Apenas os melhores traders desenvolvem a perspectiva descrita no primeiro cenário. E, como indiquei no capítulo 1, a não ser que esses melhores traders sejam de famílias tradicionais e vitoriosas em trading ou tenham sido orientados por mentores extraordinários (que neles instilou atitudes apropriadas sobre riscos e perdas desde os primeiros dias da carreira), praticamente todos eles passaram pela experiência comum de perder uma ou mais fortunas, antes de se darem conta de como precisavam pensar para serem consistentemente bem-sucedidos.

57

Essa mudança de atitude fundamental é que explica o sucesso dos melhores traders, não qualquer insight brilhante sobre o mercado, como supõe erroneamente a maioria das pessoas. Essa presunção equivocada prevalece entre os traders simplesmente porque muito poucos deles de fato compreendem, nos níveis mais profundos, a importância dessa atitude para o sucesso em trading.

Podemos garantir com segurança que, depois de uma perda, nosso trader novato imergirá em estado de dor emocional. Em consequência, suas atividades em trading se imbuirão de uma qualidade totalmente nova. Ele abandonará em definitivo o estado mental despreocupado e, mais importante, sentirá como o mercado o impactou: o mercado lhe impôs a dor que ele está sentindo; o mercado lhe tolheu o sentimento vencedor, sujeitando-o a uma derrota.

Observe como o nosso trader está culpando o mercado pelo que perdeu ou pelo que não conseguiu. Veja, também, como é natural sentir o que ele está sentindo. Pense em quantas vezes na vida, sobretudo na infância, estávamos fazendo algo de que realmente gostávamos, como nos divertir com um brinquedo ou com amigos, e alguém com mais poder e autoridade nos forçou a parar o que estava sendo prazeroso para fazer alguma coisa desagradável. Todos nós sofremos perdas, fomos usurpados, não recebemos o que queríamos ou supúnhamos merecer, fomos impedidos de continuar uma atividade em pleno curso ou fomos proibidos de perseguir uma ideia pela qual estávamos apaixonados.

O importante é que, em muitas dessas situações, não precisávamos assumir responsabilidade pessoal pelo que aconteceu ou pela dor de que fomos acometidos, porque não tínhamos poder para fazer qualquer coisa. Não optamos por sermos ejetados de um estado de alegria e felicidade e sermos lançados em outro de dor emocional. A ocorrência não dependia de nós, era contra a nossa vontade e foi muito abrupta. Mesmo que nos tenham dito que fomos responsáveis pelo que aconteceu, talvez não tenhamos acreditado nisso nem compreendido o seu significado.

O fato, e a realidade que mais nos afetou, é que estávamos nos divertindo, e alguém ou alguma coisa nos privou do divertimento e nos causou aflição. Não foi nossa escolha. A origem da dor foi externa; portanto, qualquer que tenha sido a força que nos atingiu naquele momento, foi ela que nos infligiu sofrimento. Aprendemos que sentir-se bem pode de súbito converter-se em sentir-se mal, sem que sejamos responsáveis; também aprendemos sobre traição. Sentimo-nos traídos porque muitas dessas situações são completamente inesperadas e imprevistas, significando que estávamos despreparados para o comportamento de algumas pessoas. Se essas atitudes nos reverteram para um estado de dor emocional, nada é mais natural que a sensação de traição.

Como nota à parte, acho importante dizer que muitas de nossas experiências de dor emocional foram infligidas por pais, professores e amigos bem-intencionados, muitos deles fazendo apenas o que consideravam, à época, o melhor para nós. O exemplo mais significativo é o de uma criança às voltas com um brinquedo em si perigoso. Basta tirar-lhe o brinquedo para que ela chore para expressar a dor emocional que está sentindo, e, se estivermos lidando com uma criança muito pequena ou imatura, é bem provável que ela não escute nenhuma de nossas explicações razoáveis sobre por que ela não pode brincar com aquele objeto perigoso.

Ao mesmo tempo, porém, muitas pessoas nascem de pais imaturos e insensatos, convivem com professores, tutores ou cuidadores desequilibrados, que, de maneira inconsciente ou intencional, descarregam seus problemas pessoais em alguém que supõem incapaz de reagir. Pior ainda é que muitas das pessoas propensas a vitimar outras também são bastante inteligentes para fazê-lo de maneira que leva a vítima a acreditar que ela causou a dor dela mesma. Em todo caso, se as nossas experiências dolorosas são o resultado de um ato de amor ou se são infligidas de propósito é algo que cada um terá de determinar por conta própria.

A conclusão é que, já adultos, quando entramos em modo de trading, não percebemos como é natural associar a mudança instantânea de alegria para angústia que vivenciamos com tanta frequência quando éramos crianças com a mesma mudança instantânea de alegria para angústia que ocorre quando operamos no mercado. As implicações são que, se não tivermos aprendido a aceitar os riscos inerentes à atividade de trading e não soubermos evitar essas associações naturais entre o passado e o presente, acabaremos culpando o mercado por nossos resultados, em vez de assumir responsabilidade por eles.

Embora os traders, na maioria, se considerem adultos responsáveis, apenas os melhores chegaram ao ponto em que podem aceitar e realmente aceitam responsabilidade completa pelos resultados de uma operação específica. Todos os demais, com maior ou menor intensidade, presumem que estão assumindo responsabilidade; mas, na verdade, querem que o mercado o faça no lugar deles. O trader típico espera que o mercado atenda a suas expectativas, esperanças e sonhos.

A sociedade pode trabalhar dessa maneira, mas certamente não o mercado. Em sociedade, podemos esperar que outras pessoas se comportem de modo razoável e responsável. Quando não o fazem, e se sofremos as consequências, a sociedade disponibiliza remédios para eliminar o desequilíbrio e restabelecer nossa integridade. O mercado, por outro lado, não é responsável por nos dar nem por fazer alguma coisa que nos beneficie. Essa talvez não seja a maneira como os mercados são apresentados e decerto não é a impressão que querem projetar, mas a realidade é que todo trader que participa do mercado o faz em benefício próprio. A única maneira de um trader ganhar é algum outro trader perder, seja a perda em dólares reais, como em mercado futuro, ou em oportunidade perdida, como em negociações com ações.

Ao investir em uma operação, sua expectativa é ganhar dinheiro. Todos os outros traders do mundo que investem em uma operação o fazem pela mesma razão. Ao considerar sua relação com o mercado sob essa perspectiva, você poderia dizer que o seu propósito é tirar dinheiro do mercado, mas, ao mesmo tempo, o único propósito do mercado é tirar dinheiro ou uma oportunidade de você.

Se o mercado é um grupo de pessoas interagindo para tirar dinheiro umas das outras, qual é, então, a responsabilidade do mercado perante cada trader? O mercado não tem nenhuma responsabilidade senão seguir as regras que estabeleceu para facilitar essa atividade. A questão é: se você alguma vez se viu culpando o mercado ou se sentindo traído, você, então, não refletiu o suficiente sobre as implicações do que significa participar de um jogo de soma zero. Qualquer grau de culpa significa que você não aceitou a realidade de que o mercado não lhe deve nada, não importa o que você queira ou pense ou quanto você se empenha em suas atividades de trading.

ASSUMINDO RESPONSABILIDADE

No mercado, valores sociais típicos de troca não são considerados. Se você não compreender essa realidade e descobrir uma maneira de conciliar as diferenças entre as normas sociais com que você cresceu e a maneira como os mercados funcionam, você continuará a projetar as suas esperanças, sonhos e desejos no mercado, acreditando que ele fará alguma coisa por você. Se o mercado não corresponder às suas expectativas, você se sentirá zangado, frustrado e emocionalmente perturbado e traído.

Assumir responsabilidade significa reconhecer e aceitar, no mais profundo de seu ser, que *você* — não o mercado — é completamente responsável pelo seu sucesso ou fracasso como trader. Concedo que o propósito do mercado é separar você do seu dinheiro; mas, ao agir assim, o mercado também lhe oferece uma série infindável de oportunidades para você tirar dinheiro de lá. Quando os preços se movimentam, esse movimento representa as ações coletivas de todos os participantes do mercado no momento. O mercado também gera informações sobre ele próprio, e torna extremamente fácil entrar e sair de operações (dependendo, é claro, do número de participantes).

Sob a perspectiva individual, o movimento dos preços, as informações do mercado e a capacidade de entrar e sair de operações oferecem oportunidades de detectar alguma coisa e de agir com base nessa percepção. A cada momento durante o funcionamento do mercado, você tem a oportunidade de entrar numa posição, de iluminar uma posição, de reforçar uma posição e de sair de uma posição. Todas são oportunidades de enriquecer gerando lucro ou pelo menos reduzindo perdas.

Vou fazer uma pergunta. Acaso você se sente responsável por atender às expectativas, esperanças, sonhos e desejos de outros traders? É óbvio que não. Parece absurdo até perguntar. Todavia, se algum dia você se surpreender culpando o mercado e se achando traído, isso é basicamente o que você está impondo aos outros traders. Você está esperando que as ações coletivas de todos os participantes levem o mercado a agir de maneira a lhe oferecer o que você quer. Você precisa aprender por si só a conseguir o que você quer dos mercados. O primeiro grande passo nesse processo de aprendizagem é assumir responsabilidade completa e absoluta.

O TRADER VENCEDOR

Assumir responsabilidade significa acreditar que todos os seus resultados são gerados por você mesmo; que eles se baseiam em suas interpretações das informações do mercado, das decisões que você toma e das ações que você empreende como consequência. Qualquer coisa aquém da responsabilidade completa ergue dois grandes obstáculos psicológicos que impedirão o seu sucesso. Primeiro, você desenvolverá uma relação de antagonismo com o mercado, que o retira do flow constante de oportunidades. Segundo, você será induzido equivocadamente a acreditar que os seus problemas de trading e a sua falta de sucesso podem ser corrigidos por meio de análise do mercado.

Consideremos o primeiro obstáculo. Quando você atribui ao mercado qualquer grau de responsabilidade por lhe oferecer lucro ou atenuar suas perdas, o mercado também pode facilmente assumir a posição de adversário ou inimigo. Perder (quando você esperava que o mercado fizesse algo diferente do que fez) o inclinará para os mesmos sentimentos infantis de dor, raiva, ressentimento e impotência que todos nós sentimos quando alguém nos tira alguma coisa, não nos dá o que queremos ou não nos deixa fazer o que desejamos.

Ninguém gosta de se sentir rejeitado, sobretudo se acreditamos que conseguir o que queremos nos deixará felizes. Em cada uma dessas situações, algo ou alguém de fora impede que nos expressemos de alguma maneira específica. Em outras palavras, alguma força externa estava agindo contra a força interna de nossos desejos e expectativas.

Em consequência, parece natural atribuir ao mercado o poder de uma força externa que nos dá e nos toma. Considere, porém, o fato de que o mercado apresenta suas informações a partir de uma perspectiva neutra. Isso significa que o mercado não sabe o que você quer ou espera, nem se importa com isso, a não ser, evidentemente, que você opere um tipo de posição que exerça grande impacto sobre os preços. Do contrário, cada momento, cada lance e cada oferta lhe dão a oportunidade de fazer alguma coisa. Você pode entrar numa operação, auferir lucro ou sair derrotado. Isso também é verdade para os operadores de pregão que são conhecidos pessoalmente por outros operadores de pregão, que também podem conhecer a sua posição e, para prejudicá-lo, deliberadamente se aproveitam dessa vantagem. Disso se conclui que você simplesmente precisa ser mais rápido e mais atento, ou considerar todas as limitações que você enfrenta nessa área, e operar em conformidade.

Sob a perspectiva do mercado, cada momento é neutro; para você, como observador, todo momento e toda mudança de preço podem ter significado, mas em que consistem esses significados? Eles se baseiam no que você aprendeu e se situam em sua mente, não no mercado. O mercado não atribui significados nem interpreta as informações que ele gera sobre si próprio (embora sempre haja alguém que lhe oferecerá uma interpretação, se você estiver disposto a ouvir). Além disso, o mercado não sabe definir uma oportunidade ou uma perda. O mercado não sabe se você o percebe como uma série infindável de oportunidades para entrar e sair de operações que geram lucros e perdas a cada momento ou se você o percebe como um monstro guloso, pronto e ávido por devorar o seu dinheiro a qualquer instante.

Se você encarar a sucessão infinita de oportunidades para entrar e sair de operações sem autocrítica e arrependimento, você, nesse caso, estará com o melhor estado de espírito para agir conforme seus melhores interesses e para aprender com as suas experiências. Por outro lado, se você perceber as informações de mercado como dolorosas em algum sentido, você, então, tentará evitar naturalmente essa dor, bloqueando de propósito ou por impulso essa informação de sua mente consciente. No processo de bloqueio dessa informação, você se privará sistematicamente de numerosas oportunidades para enriquecer. Em outras palavras, você se excluirá do flow de oportunidades.

Ademais, sua sensação será a de que o mercado está contra você, mas somente se você esperar que o mercado de algum modo o favoreça ou se acreditar que o mercado lhe deve alguma coisa. Se alguém ou algo for contra você e lhe provocar dor, como você tenderá a responder? Você se sentirá compelido a lutar, mas pelo que exatamente você estará lutando? O mercado certamente não o está atacando. Sim, o mercado quer o seu dinheiro, mas ele também lhe oferece oportunidades para dele extrair tanto quanto lhe for possível. Embora talvez pareça que você está combatendo o mercado ou que o mercado o está combatendo, a realidade é que você simplesmente está lutando contra as consequências negativas de não aceitar de forma plena que o mercado não lhe deve nada; e que você precisa tirar proveito das oportunidades que ele lhe oferece, integralmente, e nada menos.

A maneira de se beneficiar ao máximo de uma situação que lhe proporciona oportunidades ilimitadas de fazer alguma coisa para si mesmo é entrar em flow. O mercado efetivamente tem um flow. Em geral é um flow errático, sobretudo em prazos mais curtos, mas o mercado realmente exibe padrões simétricos que se repetem reiteradas vezes. Obviamente, é uma contradição entrar em flow com alguma coisa a que você é contrário. Caso você queira começar a sentir o flow do mercado, é preciso que sua mente esteja relativamente livre de medo, raiva, arrependimento, traição, desespero e decepção. Você não terá motivos para experimentar essas emoções negativas a partir do momento em que assumir responsabilidade absoluta.

Eu já disse que, se você não assumir responsabilidade, um dos principais obstáculos psicológicos que impedirão o seu sucesso é o autoengano de acreditar que os seus problemas de trading e de inconsistência podem ser corrigidos por meio da análise do mercado. Para ilustrar esse ponto, vamos voltar ao nosso trader novato, que começou com um estado mental despreocupado, até que experimentou a primeira perda.

Depois de vencer com facilidade e sem esforço, a mudança brusca para o estado de dor emocional pode ser muito impactante — não o suficiente, porém, para levá-lo a abandonar a atividade de trading. Além disso, em sua opinião, a situação não foi culpa dele, de modo algum. Em vez de sair do mercado, a sensação prazerosa que experimentava quando estava vencendo ainda está fresca em sua mente e o inspirará a continuar operando, com forte senso de determinação.

Só que agora ele será mais inteligente. Ele se esforçará e aprenderá tudo o que puder sobre o mercado. É perfeitamente lógico achar que, se é possível vencer sem saber nada, será fácil ganhar de lavada se souber alguma coisa. Há, no entanto, um grande problema aqui, de que muito poucos traders, se houver algum, têm consciência, até muito depois de sofrer o dano. Aprender sobre o mercado é bom e não causa problema algum. O perigo, porém, está na razão básica que, em última instância, o motiva a estudar o mercado.

ASSUMINDO RESPONSABILIDADE

Como eu disse há pouco, a mudança súbita de alegria para angústia geralmente provoca um choque psicológico. Muito raras são as pessoas que aprendem a conciliar esses tipos de experiência de maneira saudável. Há técnicas para isso, mas não são muito conhecidas. A resposta típica da maioria das pessoas, especialmente daquelas que se sentem atraídas pelas operações de mercado, é vingança. Para os traders, a única maneira de conseguir essa vingança é conquistar o mercado, e a única maneira de conquistar o mercado é conhecer o mercado, ou isso é o que pensam. Em outras palavras, a razão básica de o operador novato se esforçar para conhecer o mercado é superá-lo, para provar alguma coisa ao mercado e a si próprio, e, mais importante, para impedir que este o machuque outra vez. Ele não está aprendendo a operar no mercado simplesmente para desenvolver uma maneira sistemática de vencer, mas, antes, para evitar a dor ou para provar alguma coisa que não tem nada a ver com olhar para o mercado de uma perspectiva objetiva. Ele não se dá conta disso, mas, assim que ele assumiu a premissa de que saber alguma coisa sobre o mercado pode evitar que sinta dor ou pode ajudá-lo a se vingar ou a provar alguma coisa, ele selou seu destino de perdedor.

Com efeito, o que ele fez foi criar um dilema irreconciliável. Ele está aprendendo a reconhecer e a compreender os padrões de comportamento coletivo do mercado, e isso é bom. Até dá uma sensação agradável. Ele fica inspirado porque supõe estar aprendendo a operar no mercado para se tornar um vencedor. Em consequência, tipicamente, ele parte em busca do conhecimento, aprendendo sobre linhas de tendência, padrões de gráficos, suporte e resistência, candelabros, perfis de mercado, gráficos ponto e figura, ondas de Elliott, *retracements* de Fibonacci, osciladores, força relativa, estocástico e muitas outras ferramentas técnicas, numerosas demais para mencionar. Curiosamente, embora seu conhecimento tenha aumentado, ele agora acha que dificultou a execução de suas operações. Ele hesita, questiona-se, ou não conclui a operação, não obstante os numerosos sinais claros para prosseguir. Tudo isso é frustrante, até exasperante, porque não faz sentido. Ele fez o que devia fazer — aprendeu — só para descobrir que quanto mais aprendia, menos aproveitava os novos conhecimentos. Ele nunca

O TRADER VENCEDOR

imaginou que cometeria algum erro ao dedicar-se ao aprendizado; só que ele simplesmente o fez pelas razões erradas.

Ele não conseguirá operar com eficácia se estiver tentando provar alguma coisa. Se você tiver de vencer, se você se sentir obrigado a acertar, se você não puder perder ou não puder errar, você acabará definindo e percebendo as informações de mercado como dolorosas. Em outras palavras, você sentirá como dor qualquer informação de mercado que não coincida com as suas expectativas.

O dilema consiste em que nossa mente está configurada para evitar qualquer dor física ou emocional, e aprender sobre o mercado não compensa os efeitos negativos que nossos mecanismos de prevenção da dor aplicam às nossas operações de mercado. Todo mundo compreende a natureza da prevenção da dor física. Se você por acaso encostar a mão numa grelha quente, você por impulso a afastará num repuxão; é uma reação instintiva. Todavia, quando se trata de impedir a dor emocional e suas consequências negativas, sobretudo para os traders, muito poucas pessoas compreendem a dinâmica. É absolutamente essencial para o seu desenvolvimento que você compreenda esses efeitos negativos e aprenda a controlá-los conscientemente, de maneira que o ajude a realizar os seus objetivos.

Nossa mente dispõe de várias maneiras para nos proteger de informações que aprendemos a perceber como dolorosas. Por exemplo, em nível consciente, podemos racionalizar, justificar ou argumentar para persistirmos numa operação fracassada. Algumas das maneiras mais típicas de fazê-lo é procurar os colegas de trading, conversar com o corretor ou olhar para indicadores que nunca usamos, tudo com o propósito específico de reunir informações indolores para negar a validade da informação dolorosa. Em nível inconsciente, nossa mente automaticamente alterará, distorcerá ou excluirá informações de nosso conhecimento consciente. Em outras palavras, não sabemos no nível consciente que nossos mecanismos de prevenção da dor estão modificando ou eliminando a informação oferecida pelo mercado.

Considere a experiência de estar numa posição perdedora, quando o mercado está gerando máximas mais altas e mínimas mais altas ou máximas mais baixas e mínimas mais baixas contra a sua posição, en-

ASSUMINDO RESPONSABILIDADE

quanto você se recusa a reconhecer que está numa posição perdedora porque concentrou toda a sua atenção nos ticks que lhe são favoráveis. Em média, você só está recebendo um tick positivo em cada quatro ou cinco ticks; mas isso não interessa, porque sempre que ocorre um tick favorável, você se convence de que o mercado virou e está reagindo. No entanto, o mercado continua se movimentando contra você. A certa altura o valor monetário da perda fica tão alto que não há como negá-lo e, finalmente, você sai da posição.

A primeira reação de todos os traders ao fazer a retrospectiva dessas operações é: "Por que será que eu simplesmente não assumi a perda e reverti a posição?". A oportunidade para mudar a direção de uma operação é facilmente reconhecida quando não temos nada em jogo. Mas ficamos cegos para essa mesma oportunidade quando estamos na operação, porque, quando a recebemos, a informação foi considerada dolorosa e a bloqueamos de nossa consciência.

Quando começou a operar, nosso trader hipotético estava numa boa; desfrutava um estado mental despreocupado, não tinha agendas pessoais, nem nada a demonstrar. Enquanto estava ganhando, entrava nas operações sob uma perspectiva de "vamos ver o que acontece". Quanto mais ganhava, menos considerava a possibilidade de algum dia perder. Quando finalmente perdeu, é provável que tenha entrado num estado mental inesperado. Em vez de assumir que a causa de sua dor foram suas expectativas equivocadas sobre o que o mercado faria ou não faria, ele culpou o mercado e concluiu que, conhecendo o mercado, ele poderia evitar a repetição dessa experiência. Em outras palavras, ele mudou drasticamente sua perspectiva, de relaxado para estressado, no intuito de prevenir a dor, evitando perdas.

O problema é que prevenir a dor evitando perdas é impossível. O mercado gera padrões de comportamento e esses padrões se repetem, mas nem sempre. Portanto, mais uma vez, não é possível evitar perdas ou erros. Nosso trader não sente essas realidades de trading porque está sendo impulsionado por duas forças irresistíveis: (1) ele quer desesperadamente recuperar a sensação de vencedor, e (2) ele está extremamente entusiasmado com todo o conhecimento do mercado que está adquirindo. O que ele não percebe é que, apesar de toda a vibração, quan-

67

do ele mudou de um estado mental despreocupado para outro estado mental estressado, para prevenir e evitar dores e perdas, ele também substituiu a antiga atitude positiva por uma nova atitude negativa. Ele já não está interessado em apenas vencer, mas, sim, em como evitar a dor, impedindo que o mercado o machuque de novo. Esse tipo de perspectiva negativa não é nem um pouco diferente da posição do tenista ou golfista empenhado em não errar, e quanto mais ele se esforça para não errar, mais ele erra. Contudo, esse modo de pensar é muito mais fácil de reconhecer em esportes, porque há uma conexão mais nítida entre foco e resultado. Em trading, a conexão pode ser obscura e menos identificável, em consequência dos sentimentos positivos que estão sendo gerados pela descoberta das novas conexões entre dados de mercado e comportamento do trader.

Como ele está se sentindo bem, não há razão para suspeitar que há algo errado, exceto o grau em que engendra as próprias experiências que está tentando evitar. Em outras palavras, quanto mais se esforça para vencer e não perder, menos tolera qualquer informação capaz de indicar que ele não está conseguindo o que quer. Quanto mais informações ele puder bloquear, menos ele será capaz de perceber oportunidades para agir em prol de seus melhores interesses.

Aprender mais sobre o mercado somente para evitar a dor agravará os seus problemas, porque quanto mais ele aprender, mais ele esperará do mercado, tornando mais dolorosa a percepção de que o mercado não está fazendo a sua parte. Involuntariamente, ele disparou um círculo vicioso em que, quanto mais aprende, mais ele se debilita; quanto mais se debilita, mais se sente compelido a aprender. Esse círculo prosseguirá, até que, desgostoso, ele deixe de operar no mercado ou reconheça que a causa básica do seu problema de trading é a sua perspectiva, não a falta de conhecimento do mercado.

Vencedores, perdedores; *boomers* e busters

Demora um pouco até que a maioria dos traders jogue a toalha ou descubra a verdadeira fonte do sucesso. Nesse ínterim, alguns traders

ASSUMINDO RESPONSABILIDADE

conseguem acertar o suficiente para entrar no que geralmente é referido como "ciclo de altas e baixas".

Ao contrário do que alguns leitores talvez tenham inferido do exemplo do trader novato, nem todos os traders assumem uma atitude inerentemente negativa, que os leva a se autocondenarem a perdas contínuas. Sim, é verdade que alguns traders sempre fracassam, não raro até perder tudo ou abandonar a atividade, porque não aguentam mais a dor emocional. Contudo, há também muitos traders que são estudiosos tenazes do mercado e assumem uma atitude vencedora suficiente para operar no mercado, de modo que, não obstante as muitas dificuldades, acabam aprendendo a ganhar dinheiro. Porém, e quero enfatizar esse aspecto, eles aprendem a ganhar dinheiro de maneira limitada, pois nem sempre sabem se contrapor aos efeitos negativos da euforia e compensar o potencial de autossabotagem.

Euforia e autossabotagem são duas forças psicológicas poderosas que exercerão efeito extremamente negativo sobre os seus resultados. Não há por que se preocupar com isso, no entanto, até começar a ganhar, ou a ganhar de maneira reiterada, e esse é um grande problema. Quando está ganhando, você é menos propenso a se preocupar com qualquer coisa que possa ser um problema potencial, em especial com alguma coisa tão agradável quanto a euforia. Uma das características básicas da euforia é a sensação de confiança extrema, quando a possibilidade de alguma coisa dar errado é praticamente inconcebível. No sentido oposto, erros resultantes da autossabotagem se originam de quaisquer conflitos com que os traders deparam quanto a merecer ou não merecer ganhar.

É quando está ganhando que você fica mais suscetível a cometer erros, a exagerar nas operações, a investir demais numa posição, a transgredir suas regras, ou geralmente a operar como se não fosse necessário impor limites de prudência ao seu comportamento. Você pode até chegar ao extremo de achar que você é o mercado. Contudo, o mercado raramente concorda com esses excessos, e, quando ele discorda, você geralmente sofre as consequências. O senso de perda e a dor emocional costumam ser intensos. Você sentirá a alta, seguida da inevitável baixa.

Se eu fosse classificar os traders com base no tipo de resultado que alcançam, eu os dividiria em três categorias amplas. O menor grupo, provavelmente menos de 10% dos traders ativos, são vencedores consistentes. Eles apresentam uma curva patrimonial em ascensão contínua, com retrocessos relativamente pequenos. Esses recuos resultam de perdas normais, a que está sujeita qualquer metodologia ou sistema de trading. Não só aprenderam esses traders a ganhar dinheiro, mas também deixaram de ser suscetíveis às forças psicológicas que provocam os ciclos de altas e baixas.

O grupo seguinte, que abrange de 30% a 40% dos traders ativos, são perdedores consistentes. Suas curvas patrimoniais são imagens reflexas das curvas dos vencedores consistentes, mas na direção oposta — muitas operações fracassadas, com algumas operações exitosas ocasionais. Não importa há quanto tempo estejam operando, há muito em trading que eles não aprenderam. Ainda têm ilusões sobre trading ou são de tal forma viciados em trading que é praticamente impossível para eles se comportar como traders vencedores.

O maior grupo, os restantes 40% a 50% dos traders ativos, são os *"boomers* e *busters"*. Eles aprenderam a ganhar dinheiro, mas não aprenderam que há todo um conjunto de "habilidades de trading" a serem dominadas para manter o dinheiro que ganharam. Em consequência, suas curvas patrimoniais quase sempre parecem montanhas-russas, com um aclive gradual e suave e um declive repentino e acentuado; depois outro aclive gradual e suave, seguido de mais um declive repentino e acentuado. E o ciclo da montanha-russa prossegue repetidamente.

Trabalhei com muitos traders experientes que conseguiram incríveis sucessões de vitórias, às vezes passando meses sem uma única derrota; alcançar quinze ou vinte operações vitoriosas seguidas não é inusitado para eles. Para os *boomers* e *busters*, todavia, esses rastros de sucesso sempre acabam da mesma maneira — com perdas enormes como resultado da euforia ou da autossabotagem.

Se as perdas são consequência da euforia, realmente não importa a forma do rastro — numerosas vitórias sucessivas, uma curva patrimonial em forte ascensão, ou até uma única operação vitoriosa. Todos parecem ter um limiar diferente para o momento em que um surto de

ASSUMINDO RESPONSABILIDADE

excesso de confiança ou de euforia passa a dominar o processo de raciocínio. No entanto, se a euforia assume o controle, o trader enfrenta um problema grave.

No estado de excesso de confiança ou de euforia, não é possível perceber nenhum risco, porque a euforia o leva a acreditar que absolutamente nada pode dar errado. Se nada pode dar errado, não há necessidade de regras nem fronteiras para governar seu comportamento. Assim, montar uma posição maior que a habitual é não só uma atitude impulsiva, mas também compulsiva.

No entanto, assim que você monta essa posição maior que a de costume, você está em perigo. Quanto maior for a posição, maior será o impacto financeiro que pequenas flutuações nos preços terão sobre o seu patrimônio. Combine o impacto maior do que o normal de uma mudança contra a sua posição com a crença resoluta de que o mercado fará exatamente o que você espera, e você estará numa situação em que um tick na direção adversa à sua operação pode levá-lo a um estado de "congelamento mental" e deixá-lo imobilizado.

Quando finalmente se recuperar, você estará atordoado, desiludido, sentindo-se traído, e se perguntará como isso pode ter acontecido. De fato, você foi traído por suas próprias emoções. Contudo, se você não se conscientizar da dinâmica subjacente que acabei de descrever, nem compreendê-la, você não terá escolha senão culpar o mercado. Se você acreditar que o mercado lhe infligiu tudo isso, então se sentirá compelido a aprender mais sobre o mercado, a fim de se proteger. Quanto mais você aprender, mais confiante ficará quanto à sua capacidade de vencer. À medida que aumenta a sua confiança, mais intensa fica a sua tendência de, em algum momento, transpor o limiar da euforia e reiniciar todo o ciclo outra vez.

As perdas que resultam de autossabotagem podem ser igualmente danosas, mas elas costumam ser mais sutis. Cometer erros, como vender na hora de comprar, ou vice-versa, ou condescender em alguma atividade dispersiva na hora mais inoportuna, são exemplos típicos de como os traders se empenham em não ganhar.

Por que alguém não iria querer vencer? Não se trata realmente de questão de querer, porque acho que todos os traders querem vencer.

O TRADER VENCEDOR

No entanto, vencer não raro envolve conflitos. Às vezes, esses conflitos são tão poderosos que chegamos a achar que nosso comportamento está em conflito direto com o que queremos. Esses conflitos podem decorrer de formação religiosa, ética do trabalho ou certos tipos de trauma na infância.

Se esses conflitos existem, isso significa que seu ambiente mental não está completamente alinhado com os seus objetivos. Em outras palavras, nem todas as suas partes argumentarão pelos mesmos resultados. Portanto, você não pode presumir que tem a capacidade de ganhar uma quantia ilimitada de dinheiro só porque aprendeu a operar no mercado e o dinheiro está aí para ser levado por quem for capaz.

Um corretor de futuros de uma das maiores corretoras certa vez observou que, quando se trata de seus clientes, ele segue o mote de que todos os operadores de commodities são terminais, e o trabalho dele é mantê-los felizes até partirem. Ele disse isso jocosamente, mas há muita verdade nessa afirmação. O que é menos óbvio, e constitui um dos mistérios de ser bem-sucedido, é que, mesmo ganhando, você ainda pode ser terminal; isto é, se você ganha, mas não aprendeu a promover um equilíbrio saudável entre confiança e contenção, ou se você não é capaz de reconhecer e compensar a sua propensão à autodestruição, você mais cedo ou mais tarde perderá.

Se você se inclui entre os participantes do ciclo de altas e baixas, pense no seguinte: se fosse possível refazer todas as suas operações fracassadas, que resultaram de um equívoco ou negligência, qual seria o seu patrimônio agora? Com base nesses resultados reformulados, como seria a sua curva patrimonial? Estou certo de que muitos dos leitores se enquadrariam na categoria de vencedores consistentes. Agora, pense em como você reagiu às perdas quando elas ocorreram. Você assumiu completa responsabilidade por elas? Tentou identificar como seria possível mudar sua perspectiva, atitude ou comportamento? Ou olhou para o mercado e ficou pensando no que poderia aprender para evitar que algo parecido ocorresse de novo? Obviamente, o mercado não tem nada a ver com a sua tendência de ser negligente, nem tem o que fazer quanto aos erros que você cometeu por força de algum conflito interno sobre até que ponto merece ganhar dinheiro.

ASSUMINDO RESPONSABILIDADE

Provavelmente, um dos conceitos mais difíceis de realmente serem assimilados pelos traders é o de que o mercado não cria sua atitude ou seu estado mental; o mercado simplesmente atua como espelho que reflete o que se encontra em seu âmago. Se você tiver autoconfiança, não é porque o mercado o leva a se sentir assim; é porque suas crenças e atitudes estão alinhadas de maneira a lhe permitir se manter um passo à frente em uma experiência, assumir responsabilidade pelo resultado e captar os insights assim propiciados. Você mantém o seu estado mental confiante simplesmente porque você está sempre aprendendo. No sentido oposto, se você estiver zangado e receoso, é porque acredita, até certo ponto, que o mercado engendra os seus resultados, não o contrário.

Em última instância, a pior consequência de não assumir responsabilidade é continuar no ciclo de dor e insatisfação. Pense nisso por um momento. Se você não for responsável pelos seus resultados, você pode, então, presumir que não há nada a aprender, e pode continuar exatamente como é hoje. Você não crescerá nem mudará. Em consequência, você perceberá os acontecimentos exatamente da mesma maneira. Assim, continuará reagindo a eles da mesma maneira e obtendo os mesmos resultados insatisfatórios.

Ou você também pode assumir que a solução para os seus problemas é adquirir mais conhecimentos sobre o mercado. É sempre virtuoso aprender, mas, nesse caso, se você não for responsável por suas atitudes e perspectivas, então estará aprendendo algo valioso pelas razões erradas — motivos que o levarão a usar de maneira inadequada esse aprendizado. Sem perceber, você estará usando o seu conhecimento para evitar a responsabilidade de assumir riscos. No processo, você acabará ensejando as mesmas situações que está tentando evitar, mantendo-se no ciclo de dor e insatisfação.

Há, porém, um benefício tangível em culpar o mercado pelo que você almejava e não conseguiu. Você pode, temporariamente, escudar-se de sua própria autocrítica severa. Digo "temporariamente" porque, ao se esquivar da responsabilidade, você rejeita tudo o que precisaria aprender com a experiência. Lembre-se de nossa definição de atitude vencedora: uma expectativa positiva em relação a seus esforços, com a aceitação de que, não importam quais sejam, os resultados alcançados são um reflexo perfeito do seu nível de desenvolvimento e do que é necessário aprender para melhorar.

Se você se evade da culpa para bloquear os sentimentos dolorosos resultantes da autoflagelação, você se limita a cobrir o ferimento com um curativo infeccionado. Você pode pensar que resolveu o problema, mas logo ele voltará a supurar, pior do que antes. É inevitável, simplesmente porque você não aprendeu nada que leve a fazer o tipo de interpretação que resultaria numa experiência mais satisfatória.

Já se perguntou alguma vez por que deixar dinheiro na mesa geralmente é mais doloroso do que sofrer uma perda? Quando perdemos, há numerosas maneiras de transferir a culpa para o mercado e não aceitar a responsabilidade. Quando, porém, deixamos dinheiro na mesa, não podemos culpar o mercado. O mercado não fez nada senão nos dar exatamente o que queríamos, mas, por qualquer razão, não fomos capazes de aproveitar a oportunidade de maneira apropriada. Em outras palavras, não há como afastar a dor, racionalizando-a.

Você não é responsável pelo que o mercado faz ou deixa de fazer, mas você é responsável por tudo o mais que resulta de suas atividades de trading. Você é responsável pelo que aprendeu, assim como por tudo o que ainda não aprendeu e que está à espera de ser descoberto por você. O caminho mais eficiente para descobrir o necessário para ser bem-sucedido é desenvolver uma atitude vencedora, por se tratar de uma perspectiva eminentemente criativa. A atitude vencedora não só o abre para o que você precisa aprender; ela também lhe incute o tipo de mentalidade mais conducente a descobrir alguma coisa que nenhuma outra pessoa jamais experimentou.

Desenvolver uma atitude vencedora é a chave para o sucesso. O problema de muitos traders é que ou eles acham que já têm essa atitude vencedora, quando não têm, ou esperam que o mercado desenvolva neles essa atitude, oferecendo-lhes posições vitoriosas. Você é responsável por desenvolver sua própria atitude vencedora. O mercado não o fará por você, e, quero ser o mais enfático possível, nenhuma análise de mercado compensará a falta de uma atitude vencedora se você ainda não a tiver desenvolvido. Compreender o mercado lhe dará o trunfo de que você precisa para engendrar algumas operações exitosas, mas esse

ASSUMINDO RESPONSABILIDADE

trunfo não o converterá em vencedor consistente se você não estiver imbuído de uma atitude vencedora.

Por certo seria possível argumentar que alguns traders perdem porque não conhecem bastante o mercado e, portanto, em geral escolhem as operações erradas. Por mais razoável que pareça esse argumento, minha experiência tem mostrado que os traders com atitudes derrotistas escolhem as operações erradas, não importa quanto saibam sobre o mercado. Em todo caso, o resultado é o mesmo — eles perdem. Por outro lado, os traders com atitudes vencedoras que não sabem praticamente nada sobre o mercado podem escolher operações vencedoras; e se souberem muito sobre o mercado, podem escolher ainda mais operações vencedoras.

Se você quiser mudar sua experiência com os mercados, de temerosa para destemida; se você quiser mudar seus resultados, de uma curva patrimonial errática para outra em ascensão contínua, o primeiro passo é assumir a responsabilidade e não esperar que o mercado lhe ofereça qualquer coisa nem faça qualquer coisa a seu favor. Se você resolver, a partir de então, fazer tudo sozinho, o mercado não mais será seu adversário. Se você parar de brigar com o mercado, o que realmente significa parar de brigar consigo mesmo, você se surpreenderá com a rapidez com que reconhecerá exatamente o que precisa aprender e a rapidez com que aprenderá. Assumir responsabilidade é a pedra angular da atitude vencedora.

4.
Consistência: Um estado mental

ESPERO QUE DEPOIS DE TER LIDO OS PRIMEIROS três capítulos você já esteja percebendo que só atuar como trader não significa ter aprendido as maneiras adequadas de encarar o que você está fazendo. Como já salientei várias vezes, o que distingue os melhores traders de todos os demais não é o que eles fazem ou deixam de fazer, mas, antes, como eles pensam sobre o que fazem e o que pensam quando fazem.

Se o seu objetivo é operar como um profissional e ser um vencedor consistente, você precisa partir da premissa de que as soluções estão na sua cabeça, não no mercado. Consistência é um estado mental que, no âmago, consiste em adotar certas estratégias de pensamento fundamentais, exclusivas de trading.

A experiência com umas poucas operações vencedoras pode convencer quase todo mundo de que trading é fácil. Lembre-se de suas próprias experiências; remonte às operações que trouxeram uma torrente de dinheiro para a sua conta, quando tudo o que você fez foi tomar uma decisão simples de comprar ou vender. Agora, combine a sensação extremamente positiva que o acometeu ao executar uma operação vencedora e ao ganhar dinheiro sem fazer força, e é quase impossível não concluir que ficar rico como trader é fácil.

CONSISTÊNCIA: UM ESTADO MENTAL

Porém, se de fato for assim, se trading for tão fácil, então por que será que é tão difícil dominar as operações de mercado? Por que será que tantos traders estão esgotados, às voltas com contradições óbvias? Se for verdade que trading é fácil — e os traders sabem disso porque tiveram experiências diretas de como é fácil e espontâneo —, como também é possível que eles não consigam aplicar o que aprenderam sobre o mercado para ganhar dinheiro continuamente em trading? Em outras palavras, como explicar a contradição entre nossas crenças sobre trading e nossos resultados reais em trading ao longo do tempo?

Refletindo sobre trading

As respostas estão todas na maneira como você encara a atividade de trading. A ironia é que suas operações de mercado podem ser tão divertidas e espontâneas quanto vez por outra tem sido a sua experiência com trading; mas experimentar continuamente essas qualidades é função de suas perspectivas, de suas crenças, de suas atitudes ou de sua mentalidade. Escolha os termos com que você se sente mais à vontade; todos se referem à mesma coisa: sucesso e consistência são estados mentais, da mesma maneira como felicidade, diversão e satisfação podem ser classificadas dessa forma.

Seu estado mental é subproduto de suas crenças e atitudes. Você pode tentar desenvolver consistência sem as crenças e atitudes adequadas, mas seus resultados não serão diferentes se você tentar ser feliz quando não está se divertindo. Quando você não está se divertindo, pode ser muito difícil mudar de perspectiva e, de repente, passar a curtir a vida.

Obviamente, as circunstâncias de sua situação podem mudar de súbito, de alguma maneira que o leve a sentir alegria. Nesse caso, porém, seu estado mental será o resultado de uma mudança em suas condições externas, não a consequência de uma mudança interna em sua atitude. Se você depender das condições e circunstâncias externas para ficar feliz (de modo a sempre curtir a vida), então é extremamente improvável que você sempre sinta felicidade.

77

O TRADER VENCEDOR

No entanto, você pode aumentar muito a possibilidade de ser feliz, desenvolvendo atitudes descontraídas e, mais especificamente, trabalhando para neutralizar as crenças e atitudes que o impedem de se divertir ou de curtir a vida. Alcançar sucesso consistente como trader funciona da mesma maneira. Você não pode depender do mercado para ser consistentemente bem-sucedido, da mesma maneira como não pode depender do mundo exterior para ser consistentemente feliz. As pessoas felizes de fato não precisam fazer nada para isso. Elas são pessoas felizes e realizadoras.

Os traders que sempre alcançam o sucesso são consistentes como expressão espontânea de sua própria natureza. Por isso, não precisam se esforçar para serem consistentes; eles são consistentes. Essa nuance pode parecer abstrata, mas é vital que você compreenda essa diferença. Ser consistente não é algo que se tenta ser, porque o próprio ato de tentar nega sua intenção, pois mentalmente o afasta do flow de oportunidades, diminuindo sua probabilidade de vencer e aumentando sua probabilidade de perder.

Suas melhores operações foram fáceis e espontâneas. Você não precisou se esforçar para que fossem fáceis; elas eram fáceis. Não houve luta. Você viu exatamente o que precisava e agiu com base nisso. Você estava imerso no momento, parte do flow de oportunidades. Quando está em flow, você não precisa tentar, porque tudo o que você sabe sobre o mercado está disponível e acessível. Nada está bloqueado ou oculto de sua consciência, e suas ações parecem espontâneas, porque não há luta ou resistência.

Por outro lado, a necessidade de tentar sugere algum grau de resistência ou luta. Do contrário, você o faria de moto próprio, espontaneamente, sem tentar. Também indica que você está tentando obter o que quer do mercado. Embora pareça natural pensar assim, essa é uma perspectiva cheia de dificuldades. Os melhores traders se mantêm em flow porque não tentam explorar o mercado; eles simplesmente ficam de prontidão para tirar proveito do que o mercado lhes oferece em determinado momento. É enorme a diferença entre as duas perspectivas.

No capítulo 3, ilustrei rapidamente como nossa mente está configurada para evitar tanto a dor física quanto a dor emocional. Se você

CONSISTÊNCIA: UM ESTADO MENTAL

opera sob a perspectiva de tentar conseguir o que quer ou o que espera do mercado, como fica a situação quando o mercado não se comporta de maneira que corresponda às suas expectativas? Seus mecanismos de defesa mental se ativam para compensar a diferença entre o que você quer e o que você não está obtendo, de modo a não sentir nenhuma dor emocional. Nosso cérebro é projetado para bloquear automaticamente informações ameaçadoras ou para encontrar uma maneira de atenuar essas informações, para nos proteger do desconforto emocional de que somos acometidos naturalmente quando não conseguimos o que queremos. Embora não o perceba no momento, você captará e escolherá informações compatíveis com as suas expectativas, de modo a preservar seu estado mental indolor.

Todavia, no processo de tentar manter um estado mental indolor, você também se retira do flow de oportunidades e entra no âmbito do "poderia ter", "deveria ter", "talvez tivesse" e "bastava que". Tudo o que você poderia ter, deveria ter ou talvez tivesse reconhecido, mas que no momento pareceu invisível, agora, depois do fato consumado, se manifesta de maneira dolorosamente ostensiva, quando a oportunidade há muito se esvaiu.

Para ser consistente, você precisa aprender a pensar sobre trading de maneira a não mais ficar suscetível a processos mentais conscientes ou inconscientes que o levam a obscurecer, bloquear e selecionar informações com base no que o deixará feliz, lhe dará o que você quer ou o poupará da dor.

A ameaça de sentir dor gera medo, e o medo é a fonte de 95% dos erros que você tende a cometer. Por certo, você não pode ser consistente nem entrar em flow se cometer erros repetidamente, e você errará se estiver receoso de não conseguir o que almeja ou espera. Além disso, tudo o que você tentar fazer como trader será uma luta, e você terá a sensação de estar lutando contra o mercado ou que o mercado está atuando pessoalmente contra você. A realidade, porém, é que tudo está acontecendo em sua mente. O mercado não percebe a informação que disponibiliza; você, sim. Se há alguma luta, é você quem a está travando contra sua própria resistência, conflitos e medos internos.

Agora, você talvez esteja perguntando a si próprio: "Como posso refletir sobre trading de maneira a não mais ter medo e, assim, não mais ficar suscetível a processos mentais que me levam a obscurecer, bloquear e selecionar informações?". A resposta é "aprender a aceitar o risco".

Compreendendo *realmente* o risco

Além das muitas questões referentes a responsabilidade que analisamos no capítulo 3, nada em trading é mais importante para o sucesso e mais mal compreendido que o conceito de aceitar o risco. Como mencionei no primeiro capítulo, a maioria dos traders supõe equivocadamente que, por estar envolvida na tarefa em si arriscada de entrar e sair de operações de mercado, está aceitando o risco. Repito que essa presunção não poderia estar mais longe da verdade.

Aceitar o risco significa aceitar as consequências de suas operações, sem desconforto emocional ou medo. Isso significa que você deve aprender a pensar sobre trading e sobre suas relações com o mercado de maneira que a possibilidade de cometer erros, de sofrer perdas, de desperdiçar oportunidades e de deixar dinheiro na mesa não ative seus mecanismos de defesa mental e o retire do flow de oportunidades. Não lhe faz bem assumir o risco de montar uma operação se você estiver com medo das consequências, porque os seus medos influenciarão a sua percepção da informação e o seu comportamento, levando-o a engendrar a experiência em si que você mais teme, aquela que você está tentando evitar.

Estou lhe oferecendo uma estratégia mental específica, composta de um conjunto de crenças que o manterá focado, no momento presente e no flow de oportunidades. Com essa perspectiva, você não tentará obter alguma coisa do mercado nem evitar qualquer coisa. Em vez disso, você deixará o mercado se movimentar e estará a postos para explorar quaisquer situações que se manifestem como oportunidades.

Quando você fica pronto para se valer de qualquer oportunidade, você não impõe limitações ou expectativas ao comportamento do mer-

CONSISTÊNCIA: UM ESTADO MENTAL

cado. Você fica totalmente satisfeito em deixar o mercado fazer qualquer coisa. Contudo, no processo de fazer alguma coisa, o mercado criará certas condições que você percebe e define como oportunidades. Você, então, atua sobre essas oportunidades da melhor maneira possível, mas seu estado mental não depende do comportamento do mercado nem é afetado por ele.

Se você puder aprender a criar um estado mental que não seja afetado pelo comportamento do mercado, a luta deixará de existir. Quando a luta interna termina, tudo fica fácil. A essa altura, você pode aproveitar ao máximo as suas habilidades, analíticas ou outras, para finalmente realizar todo o seu potencial como trader.

Eis o desafio! Como aceitar os riscos de trading sem desconforto emocional e medo se, ao perceber o risco, você imediatamente sente desconforto e medo? Em outras palavras, como se manter confiante e sem dor quando você está absolutamente certo de que pode cometer erros, perder dinheiro, desperdiçar oportunidades ou deixar dinheiro na mesa? Assim, seu medo e seu sentimento de desconforto são completamente justificados e racionais. Cada uma dessas possibilidades se realiza no momento em que você admite interagir com o mercado.

No entanto, por mais verdadeiras que sejam essas possibilidades para todos os traders, o que não é verdade nem idêntico para eles é o significado de errar, de perder, de desperdiçar oportunidades ou de deixar dinheiro na mesa. Nem todos comungam as mesmas crenças e atitudes sobre essas possibilidades e, portanto, não compartilham as mesmas sensibilidades emocionais. Em outras palavras, nem todos temem as mesmas coisas. Isso pode parecer óbvio, mas lhe garanto que não é. Quando estamos com medo, o desconforto emocional que sentimos no momento é tão real que se torna inquestionável, e é natural presumir que todos compartilham nossa realidade.

Vou dar um exemplo perfeito do que estou falando. Trabalhei recentemente com um trader que tinha um medo mortal de cobras. No que lhe dizia respeito, ele sempre teve medo de cobras, porque não se lembrava de nenhuma época em que não tivesse esse pavor. Hoje, ele está casado e tem uma filha de três anos. Uma noite, quando a esposa estava fora da cidade, a filha e ele foram convidados para jantar na casa

81

de um amigo. Sem que meu cliente soubesse, a filha do amigo tinha uma cobra como animal de estimação.

Quando a filha do amigo trouxe a cobra para mostrá-la aos convidados, meu amigo surtou e correu para o outro lado da sala, para ficar o mais longe possível da cobra. A filha dele, por outro lado, se mostrou completamente fascinada pelo animal e não queria deixá-lo em paz.

Ao me contar essa história, o trader disse que não só ficou surpreso com a presença repentina da cobra, mas também chocado com a reação inesperada da filha. Ela não estava com medo, ao contrário do que ele esperava. Expliquei-lhe que seu medo era tão intenso e seu apego à filha era tão grande que era inconcebível para ele que a filha não comungasse automaticamente da percepção dele sobre cobras. Mostrei-lhe, então, que realmente não havia como a menina compartilhar as mesmas sensações dele em relação a isso, a não ser que ele a induzisse especificamente a ter medo de cobras ou que ela tivesse passado pelas mesmas experiências dolorosamente assustadoras do pai. Afora essas hipóteses, sem nada em contrário em seu sistema mental, a reação mais provável da filha no primeiro encontro com uma cobra viva seria de pura e autêntica fascinação.

Da mesma maneira como o meu cliente presumiu que a filha teria medo de cobras, a maioria dos traders supõe que os melhores traders, como eles próprios, também têm medo de cometer erros, perder dinheiro, desperdiçar oportunidades e deixar dinheiro na mesa. Eles presumem que os melhores traders de alguma maneira neutralizam seus temores com uma dose de coragem desmesurada, nervos de aço e autocontrole incomum.

Como muitas outras coisas em trading, o que parece fazer sentido nem sempre é razoável. Certamente, qualquer uma ou todas essas características podem estar presentes nos melhores traders. O que não é verdade, porém, é que essas características contribuam para o desempenho superior deles. Precisar de coragem, nervos de aço e autocontrole implica conflito interno, em que uma força se contrapõe a outra. Qualquer tipo de luta, tentativa ou medo associado a trading o tirará do momento presente e do flow de oportunidades, e, portanto, prejudicará seus resultados.

CONSISTÊNCIA: UM ESTADO MENTAL

É aqui que os traders profissionais realmente se distinguem da multidão. Quando você aceita o risco tal como fazem os profissionais, você não receia qualquer coisa que o mercado possa fazer para ameaçá-lo. Se nada o está ameaçando, se você não está com medo, você não precisa de coragem. Se você não está estressado, por que necessitaria de nervos de aço? E se você não receia sua propensão a se tornar negligente, pois dispõe dos mecanismos de monitoramento adequados, nesse caso o autocontrole é dispensável. Ao contemplar as implicações do que estou dizendo, quero que você se lembre do seguinte: muito poucas pessoas que atuam em trading começam com as crenças e atitudes adequadas em relação a responsabilidade e risco. Algumas já as cultivam, mas são raras. Quase todas seguem o mesmo ciclo que descrevi no exemplo do trader novato: começamos despreocupados, ficamos assustados, e nossos medos seguidamente diminuem nosso potencial.

Os traders que rompem o ciclo e, em última análise, se libertam são aqueles que finalmente deixam de evitar e passam a abraçar a responsabilidade e o risco. A maioria dos traders bem-sucedidos na ruptura do ciclo só muda de mentalidade depois de o efeito positivo de tantas dores pelas grandes perdas eliminar suas ilusões sobre a natureza da atividade de trading.

Quanto ao seu desenvolvimento, o *como* dessa transformação não é tão importante, porque, na maioria dos casos, ela é inesperada. Em outras palavras, eles não estavam completamente conscientes das metamorfoses que ocorriam em seu ambiente mental, até experimentarem os efeitos positivos da nova perspectiva sobre a maneira como interagiam com o mercado. Por isso é que muito poucos traders de alto nível podem realmente explicar as causas de seu sucesso, exceto ao citarem axiomas como "corte as suas perdas" e "vá com o flow". O importante é compreender a total possibilidade de pensar como os profissionais e operar sem medo, mesmo que a sua experiência direta como trader sugira o contrário.

Alinhando seu ambiente mental

Agora vamos começar a focar em exatamente como alinhar o seu ambiente mental para aceitar o risco e atuar como um trader profissional. Grande parte do que analisamos até este ponto tem como objetivo prepará-lo para o mundo real. Vou lhe ensinar uma estratégia mental que, no âmago, acredita convictamente em probabilidades e trunfos. Com essa nova estratégia mental, você será capaz de desenvolver novas relações com o mercado, que dissociem suas operações em si do que tipicamente significa errar ou perder e que o dissuadam de perceber como ameaçadora qualquer manifestação do mercado. Quando a ameaça da dor se dissipa, o medo também desaparecerá, assim como se esvairão os equívocos propiciados pelo medo a que você está suscetível. Sua mente estará em condições de perceber as disponibilidades e a agir com base nessa realidade perceptível.

Chegar a esse estado mental despreocupado e destemido, apesar de ter ficado exasperado reiteradamente, exigirá algum trabalho, mas não será tão difícil quanto você talvez imagine. Com efeito, ao terminar de ler este livro, os leitores, em sua maioria, ficarão espantados com a maneira como realmente são simples as soluções para os seus problemas.

Sob muitos aspectos, um estado mental ou perspectiva é como um código de software. Você pode ter vários milhares de linhas de programação perfeita, com apenas uma linha falha, e nessa linha falha talvez só haja um caractere fora do lugar. Dependendo do propósito do software e onde ocorre a falha no contexto mais amplo, esse caractere mal colocado pode arruinar o desempenho de todo um sistema absolutamente perfeito, afora essa inexatidão. Logo se constata que a solução era simples: acerte o caractere no lugar errado, e tudo funciona com perfeição. Contudo, detectar o erro e até saber de sua existência pode exigir muita expertise.

No processo de desenvolver a mentalidade de trading ideal, todos começam a certa distância psicológica. Em outras palavras, praticamente todos partem de um código de software defeituoso. Uso termos como cliques ou graus para indicar a distância psicológica, mas esses termos não implicam uma distância específica. Assim, por exemplo,

CONSISTÊNCIA: UM ESTADO MENTAL

muitos leitores acharão que sua perspectiva está apenas a um clique de distância da mentalidade ideal. Esse único clique pode representar um ou dois pressupostos errôneos sobre trading. À medida que você reflete sobre as ideias apresentadas neste livro, sua perspectiva começa a mudar. Prosseguindo na analogia do código de software, essa mudança seria equivalente a encontrar a linha falha em seu sistema mental e corrigi-la para que funcione da maneira adequada.

As pessoas geralmente descrevem esse tipo de mudança mental interna como uma experiência "arrá", ou o momento em que a luz se acende. Todos têm esse tipo de experiência, e há algumas qualidades comuns a ela associada. Primeiro, temos uma sensação diferente. Até o mundo parece diferente, como se de repente tivesse mudado. Muitas vezes, dizemos no momento da ruptura algo como "Por que você não me disse isso antes?" ou "Estava o tempo todo diante do meu nariz, mas eu simplesmente não vi" ou "É tão simples; por que não percebi isso antes?". Outro fenômeno interessante da experiência "arrá" é que, às vezes, em instantes, embora o intervalo varie, sentimos como se esse novo ingrediente da nossa identidade sempre tivesse sido um componente do que somos. Fica então difícil de acreditar que sempre fomos como éramos antes de termos a experiência.

Em suma, é possível que você já tenha alguma consciência de grande parte do que precisa saber para ser um trader consistentemente vitorioso. Porém, estar consciente de alguma coisa não a torna de imediato parte funcional do próprio ser. Consciência nem sempre é convicção. Não se pode supor que aprender e aceitar algo novo seja o mesmo que crer no que aprendeu num nível que o mova para a ação.

Tome o exemplo de meu cliente que tem medo de cobras. Ele por certo tem consciência de que nem todas as cobras são perigosas, e o aprendizado de como distinguir entre as perigosas e as inofensivas não seria difícil. Será que aprender essa distinção de pronto o levaria a não temer "cobras não perigosas"? Podemos assumir que essa conscientização se assentaria em nível tão profundo de seu ambiente mental a ponto de ele agora conseguir interagir com cobras sem pânico ou imobilidade? Não, de modo algum podemos partir dessa premissa. A consciência de que algumas cobras são inofensivas e o pavor de qualquer tipo de cobra podem coexistir em seu ambiente mental, em contradição entre si. Você pode afrontá-lo com uma cobra e ele pode logo reconhecer estar ciente de que a cobra não é perigosa e que não o atacará, mas, ao mesmo tempo, ainda achar demasiado difícil tocar na cobra, mesmo que o quisesse.

Acaso isso significaria que ele está fadado a ter medo de cobras pelo resto da vida? Só se ele quiser. É realmente uma questão de disposição. Sem dúvida é possível neutralizar esse medo, mas ele terá de se empenhar nisso, e esforçar-se para conseguir alguma coisa exige motivação suficiente. Muitos de nós somos dominados pelo que sabemos serem medos irracionais e simplesmente optamos por viver com essa contradição, porque não queremos enfrentar o trabalho emocional necessário para superar o medo.

Crenças contraditórias, contudo, não são o único problema. O que dizer sobre afirmações como "Assumo riscos", que os traders geralmente supõem representarem um estado que se situa no nível funcional de uma crença, quando, de fato, a dinâmica subjacente da maneira como percebem o mercado indica que eles estão fazendo tudo o que for possível para evitar riscos?

Crenças contraditórias e consciência não funcional representam códigos de software falhos; situações que se assemelham a manter simultaneamente um pé no acelerador e o outro no freio; algoritmos que conferem ao aprendizado de como operar no mercado uma qualidade misteriosa que é desafiadora de maneira divertida, no começo, mas geralmente logo se converte em pura e insuportável exasperação.

Quando eu estava na faculdade, em fins da década de 1990, um de meus filmes favoritos era *Cool Hand Luke* [Rebeldia Indomável], estrelado por Paul Newman. Foi um filme muito popular na época, e tenho certeza de que alguns dos leitores já o viram à noite na TV. Luke era um dos prisioneiros acorrentados uns aos outros em um grupo de trabalho externo. Depois de escapar e ser preso pela segunda vez, os agentes penitenciários estavam decididos a não serem enganados por Luke novamente. Assim, enquanto o submetiam a trabalhos desmedidos e a maus-tratos intermitentes, eles sempre perguntavam: "Você tomou jeito, Luke?". Até que, depois de muito sofrer, Luke finalmente

CONSISTÊNCIA: UM ESTADO MENTAL

disse aos chefes do presídio que ele se regenerara. Os chefes disseram que, se ele voltasse a perder o juízo e tentasse escapar outra vez, eles o matariam. É claro que Luke tentou outra fuga, e, cumprindo a palavra, os guardas o mataram. Como Luke, muitos traders, conscientes ou não de seus atos, estão tentando chegar lá batendo o mercado; em consequência, exaurem-se em termos emocionais e financeiros. Há maneiras mais fáceis, infinitamente mais satisfatórias, de conseguir o que você quer do mercado, mas primeiro é preciso estar disposto a "acertar a própria mente".

5.
A dinâmica da percepção

UM DOS OBJETIVOS BÁSICOS DESTE LIVRO É ensiná-lo a tirar da informação de mercado a ameaça da dor. O mercado não gera informação prazerosa ou dolorosa. Sob a perspectiva do mercado, tudo é simplesmente informação. Pode parecer que o mercado o está levando a se sentir dessa ou daquela maneira, em determinado momento, mas esse não é o caso. É sua própria estrutura mental que determina como você percebe a informação, como você se sente e, em consequência, se o seu estado mental o ajuda a entrar espontaneamente em flow e explorar em benefício próprio as oportunidades do mercado.

Os profissionais nada percebem nos mercados como doloroso; portanto, nada é ameaça para eles. Se não há ameaças, também não há nada de que se defender. Por conseguinte, não há razão para que se ativem seus mecanismos de defesa, conscientes ou inconscientes. Por isso é que os profissionais podem ver e fazer coisas que pasmam todas as outras pessoas. Eles estão em flow, porque estão percebendo uma corrente infinita de possibilidades, e, quando não estão em flow, os melhores dos melhores reconhecem o fato e então o compensam, retrocedendo ou não operando.

A DINÂMICA DA PERCEPÇÃO

Se o seu objetivo é operar como profissional, você deve ser capaz de ver o mercado de uma perspectiva objetiva, sem distorções. É preciso agir sem resistência ou hesitação, mas com a dose certa de contenção positiva, para se contrapor aos efeitos negativos do excesso de confiança ou de euforia. Em essência, seu objetivo é desenvolver um estado mental exclusivo, a mentalidade de trader. Ao conseguir isso, todos os outros fatores do sucesso como trader se encaixarão espontaneamente.

Para ajudá-lo a alcançar esse objetivo, vou lhe apresentar uma maneira de redefinir sua interação com as informações de mercado para que não haja espaço ou sobre pouco espaço para percebê-las como ameaçadoras. Ao dizer "redefinir", refiro-me a mudar sua perspectiva e operar a partir de uma estrutura mental que o mantenha focado nas oportunidades disponíveis, em vez de deixá-lo conectado à dor emocional.

Depurando seu software mental

Em outras palavras, queremos extrair os bugs de nosso software mental e ajustar nossa mente. Fazer isso com eficácia exige a compreensão da natureza de nossa energia mental e de como é possível usá-la para mudar uma perspectiva que está gerando uma resposta emocional negativa à informação de mercado. Há muito a aprender, mas acho que você se surpreenderá com a maneira como algumas mudanças simples podem fazer enorme diferença em seus resultados de trading.

O processo de trading começa com a percepção de uma oportunidade. Sem isso, não teríamos razão para operar. Portanto, acho que convém começar nosso exame da energia mental desdobrando o processo de percepção. Quais são as dinâmicas básicas da percepção? Que fatores determinam a forma como percebemos a informação e o que percebemos em associação com o que está disponível? Como está a percepção relacionada com o que experimentamos em determinado momento?

Provavelmente, a maneira mais fácil de compreender a dinâmica da percepção e de responder a essas perguntas seja pensar em tudo (e realmente me refiro a tudo) que existe neste planeta, ou ao seu redor,

89

O TRADER VENCEDOR

como um conjunto de forças — forças que geram informações sobre propriedades, características e peculiaridades que as tornam exclusivamente o que são e não as deixam ser nenhuma outra coisa.

Tudo o que existe fora de nosso corpo — todas as plantas e todos os tipos de vida; todos os fenômenos planetários na forma de condições climáticas, terremotos e erupções vulcânicas; toda a matéria física ativa e inerte; e todos os fenômenos não corpóreos, como luz, ondas sonoras, micro-ondas e radiações — gera informações sobre a natureza de sua existência. Essas informações têm o potencial de agir como força sobre cada um de nossos cinco sentidos físicos.

Antes de prosseguir, observe que uso o verbo "gerar" com abrangência universal, implicando que tudo se encontra em estado de expressão ativo, inclusive objetos inanimados. Para mostrar por que faço isso, vejamos alguma coisa simples como uma rocha. Trata-se de um objeto inanimado, composto de átomos e moléculas que se expressam como uma rocha. Usei o verbo ativo "expressar" porque os átomos e moléculas que compõem a rocha estão em movimento constante. Portanto, embora a rocha não pareça ativa, exceto no sentido mais abstrato, ela tem características e propriedades que atuam como forças sobre nossos sentidos, levando-nos a experimentar e a distinguir a natureza de sua existência. Por exemplo, uma rocha tem textura, e essa textura atua como força sobre nosso tato se passarmos os dedos sobre sua superfície. Uma rocha tem forma e cor, que age como força sobre a nossa visão; a rocha ocupa um espaço que nenhum outro objeto pode ocupar, de modo que a vemos, em vez de um espaço vazio ou algum outro objeto. Uma rocha também pode ter odor, que atua como força sobre o nosso sentido de olfato, ou sabor, embora eu nunca tenha lambido uma rocha para percebê-lo.

Quando encontramos algo no ambiente que expresse suas propriedades e características, ocorre uma troca de energia. A energia externa, na forma de qualquer coisa que a esteja expressando, é transformada por nosso sistema nervoso em impulsos elétricos, e então é armazenada em nosso ambiente mental interno. Para ser mais específico, não importa o que estejamos vendo, ouvindo, provando, cheirando ou tateando, isto se converte em impulsos elétricos de energia e fica guardado em nosso ambiente mental como memória e/ou registro sobre a natureza das coisas.

Tudo isso é bastante evidente para a maioria das pessoas, mas daí decorrem algumas implicações que não são evidentes, e em geral as damos como certas, sem sombra de dúvida. Antes de tudo, há uma relação de causa e efeito entre nós e tudo o que existe no ambiente externo. Assim, nossos encontros com forças externas criam o que vou chamar de "estruturas de energia" em nossa mente. As lembranças, as idiossincrasias e, em última análise, as crenças que adotamos durante toda a vida existem em nosso ambiente mental na forma de energia estruturada. Energia estruturada é um conceito abstrato. Talvez você esteja se perguntando: "Como a energia toma forma ou molde?". Antes de responder a essa pergunta, preciso abordar uma questão ainda mais fundamental. Como sabemos, para começar, que lembranças, idiossincrasias e crenças existem na forma de energia?

Não sei se foi cientificamente comprovado ou completamente reconhecido pela comunidade científica, mas pergunte a si mesmo em que outra forma esses componentes mentais poderiam existir. Eis o que sabemos com certeza: qualquer coisa composta de átomos e moléculas ocupa lugar no espaço; portanto, pode ser observada. Se lembranças, idiossincrasias e crenças existem em alguma forma física, deveríamos ser capazes de observá-las. Até onde sei, nenhuma dessas observações já foi feita. A comunidade científica dissecou o tecido cerebral (vivo e morto), examinou-o no nível de átomos individuais, mapeou várias regiões do cérebro, do ponto de vista de suas funções, mas ninguém, por enquanto, *observou* uma lembrança, uma idiossincrasia ou uma crença em sua forma natural. "Em sua forma natural" significa que, embora os cientistas possam observar as células do cérebro que contêm certas lembranças, eles não podem experimentar essas memórias em primeira mão. Podem apenas experimentá-las se a pessoa a quem as lembranças pertencem estiver viva e quiser expressá-las de alguma maneira.

Se lembranças, idiossincrasias e crenças não existem como matéria física, elas então realmente não existem de nenhuma outra maneira, senão como alguma forma de energia. Se for de fato assim, pode essa energia assumir alguma forma específica? Haveria como estruturá-la de

O TRADER VENCEDOR

alguma outra maneira que reflita as forças externas que lhes deram existência? Com certeza! Existiria algo no ambiente, semelhante a energia, que tenha forma ou estrutura específica? Sim! Vou dar vários exemplos.

Pensamentos são energia. Como você pensa em determinado idioma, os pensamentos são estruturados pelas limitações e regras que governam o idioma específico em que você pensa. Quando você expressa esses pensamentos em voz alta, você cria ondas sonoras, que são uma forma de energia. As ondas sonoras geradas pela interação das cordas vocais e da língua são estruturadas pelo conteúdo da sua mensagem. Micro-ondas são energia. Muitas chamadas telefônicas são transmitidas por micro-ondas, significando que a energia da micro-onda tem de ser estruturada de modo a refletir a mensagem que ela está transportando. Raios laser são energia, e se algum dia você assistiu a uma demonstração de laser ou a uma apresentação artística de laser, o que você viu foi pura energia, tomando formas que refletem os desejos criativos dos artistas.

Todos esses casos são bons exemplos de como a energia pode tomar forma, molde e estrutura. Obviamente, há muitos outros, mas um deles ilustra a questão de maneira mais pictórica. No nível mais fundamental, o que são sonhos? Não estou perguntando o que significam sonhos ou o que você considera que sejam os seus propósitos, mas, antes, o que são sonhos. Quais são as suas propriedades? Se assumirmos que os sonhos ocorrem nos confins de nosso crânio, eles não podem ser compostos de átomos e moléculas, porque na cabeça humana não haveria espaço suficiente para tudo o que vemos em nossos sonhos. Nossas experiências oníricas parecem ter as mesmas proporções e dimensões do que percebemos quando estamos despertos e experimentando a vida através dos cinco sentidos. Isso só é possível se os sonhos forem uma forma de energia estruturada, porque a energia pode tomar qualquer tamanho ou dimensão, mas, ao fazê-lo, efetivamente não ocupa nenhum espaço.

Agora, se ainda não lhe ocorreu, há algo aqui realmente profundo. Se as lembranças, idiossincrasias e crenças que adotamos em consequência de nossas interações com o ambiente externo representam o que aprendemos sobre esse entorno e seu funcionamento; e se essas lembranças, idiossincrasias e crenças se manifestam em nosso ambien-

A DINÂMICA DA PERCEPÇÃO

te mental como energia; e se a energia não ocupa lugar no espaço; assim, também poderíamos dizer que nossa capacidade de aprender é limitada. Na verdade, não só acho que poderíamos dizer, como estou de fato dizendo.

Considere o desenvolvimento da consciência humana e nosso aprendizado coletivo, assim como o que o indivíduo típico precisa saber para atuar com eficácia, em comparação com cem anos atrás. Não há absolutamente nada a indicar que não temos capacidade ilimitada de aprender. A diferença entre o que sabemos agora e o que podemos fazer com esse conhecimento expandido confundiria a mente de qualquer pessoa que vivesse há cem anos.

Percepção e aprendizado

No entanto, devemos ter cuidado para não equiparar capacidade de armazenamento com capacidade de aprendizado. Aprender, e tomar consciência do que está disponível para ser aprendido, é função não só da capacidade de armazenamento. Se fosse, o que nos impediria de saber tudo? E se soubéssemos tudo, o que nos impediria de perceber todas as características, propriedades ou peculiaridades possíveis de tudo o que se expressa em dado momento? O que nos detém agora?

Essas questões atingem o próprio cerne do motivo pelo qual é preciso compreender que os componentes mentais como lembranças, idiossincrasias e crenças existem como energia. Qualquer coisa que seja energia tem o potencial de agir como uma força que expressa sua forma, e isso é exatamente o papel de nossas lembranças, idiossincrasias e crenças. Elas atuam como uma força interna sobre nossos sentidos, expressando sua forma e conteúdo, e, no processo de agir assim, elas exercem efeito profundamente restritivo sobre a informação que percebemos em dado momento, tornando literalmente invisível grande parte da informação disponibilizada pela perspectiva ambiental, assim como as possibilidades a ela inerentes.

Estou dizendo aqui que, em qualquer momento, o ambiente gera enorme quantidade de informações sobre suas propriedades, características e peculiaridades. Parte dessas informações se situa além do alcance dos nossos sentidos. Não podem os nossos olhos ver todos os comprimentos de onda de luz nem podem os nossos ouvidos captar todas as frequências de som produzidas pelo ambiente; portanto, há sem dúvida uma faixa de informação que se situa além da capacidade fisiológica de nossos sentidos.

E quanto ao resto das informações que o ambiente está gerando acerca de si próprio? Acaso vemos, ouvimos, cheiramos, provamos ou tateamos através de nossos sentidos todas as possíveis diferenças, peculiaridades e características que estão sendo manifestadas por tudo o que está dentro do alcance fisiológico dos nossos sentidos? Absolutamente não! Nossa energia interna limitará e bloqueará categoricamente grande parte dessas informações ao nosso consciente, atuando através dos mesmos mecanismos sensoriais mediante os quais também atua o ambiente externo.

Neste ponto, pare e pense por um momento e veja que parte do que acabei de dizer é notório. Por exemplo, muitas são as formas de expressão do ambiente externo que não percebemos simplesmente porque ainda não as conhecemos. Isso é fácil de ilustrar. Lembre-se da primeira vez que você olhou para um gráfico de preços. O que você viu? O que você percebeu exatamente? Sem prévia exposição, estou certo de que, como todas as outras pessoas, você viu um monte de linhas sem significado. Hoje, se você for como a maioria dos traders, ao observar um gráfico de preços, você vê características, peculiaridades e padrões de comportamento que representam ações coletivas de todos os traders que participam dessas operações.

De início, o gráfico representava informações não diferenciadas. Estas geralmente criam um estado de confusão, e isso foi provavelmente o que você sentiu ao ver pela primeira vez um gráfico. Aos poucos, porém, você aprendeu a distinguir essas informações, como tendências e linhas de tendências, consolidações, suporte e resistência, retrocessos ou relações significativas entre volumes, interesses abertos e ações sobre preços, só para mencionar algumas. Você também aprendeu que cada uma dessas diferenças no comportamento do mercado representava uma oportunidade para satisfazer algumas necessidades, objetivos ou

A DINÂMICA DA PERCEPÇÃO

desejos pessoais. Cada diferença, agora, tinha um significado e algum grau relativo de relevância ou importância a ela atribuído.

Agora, quero que você use a imaginação e finja que acabei de pôr diante de seus olhos o primeiro gráfico de preços que você já viu. Não haveria uma diferença entre o que você vê agora e o que viu antes? Certamente. Em vez de um monte de linhas confusas, você veria tudo o que desde então aprendeu sobre essas linhas, bem como todas as oportunidades assim reveladas.

No entanto, tudo o que você vê agora, ao olhar para o gráfico, já existia antes e, ademais, estava disponível para ser percebido. Qual é a diferença? A energia estruturada que hoje está em seu interior — o conhecimento que você adquiriu — atua como força em seus olhos, levando-o a reconhecer as várias diferenças sobre as quais aprendeu. Como essa energia não estava lá na primeira vez que você olhou para o gráfico, todas as oportunidades que você vê agora estavam lá, ainda que diferentes, mas eram invisíveis para você. Além disso, a não ser que você tenha aprendido a fazer todas as diferenciações possíveis com base em todas as relações possíveis entre as variáveis do gráfico, o que você não aprendeu continua invisível.

A maioria das pessoas não tem ideia do quanto estamos sempre cercados de oportunidades invisíveis, inerentes às informações a que somos expostos. Com muita frequência, nunca tomamos conhecimento dessas oportunidades e, em consequência, elas continuam invisíveis. O problema, obviamente, é que, a menos que estejamos numa situação completamente nova ou singular, não percebemos o que ainda não aprendemos. Para aprender alguma coisa, temos de experimentá-la de alguma maneira. Assim, o que temos aqui é um loop fechado que nos impede de aprender. Os loops perceptivos fechados existem em todos nós, pois eles são funções naturais da maneira como a energia mental se expressa em nossos sentidos.

Não há quem não tenha ouvido a expressão "As pessoas veem o que querem ver". Eu o diria de maneira um pouco diferente: as pessoas veem o que aprenderam a ver, e tudo o mais é invisível até que aprendam a se contrapor à energia que bloqueia seu consciente de tudo o que ainda não foi aprendido e está por ser descoberto.

Para ilustrar esse conceito e deixá-lo ainda mais claro, darei outro exemplo, que demonstra como a energia mental pode afetar a maneira como percebemos e experimentamos o ambiente de um modo que efetivamente reverte a relação de causa e efeito. Olhemos para o primeiro encontro de uma criança muito pequena com um cachorro.

Como se trata de uma experiência inédita, o ambiente mental da criança é, assim dizendo, uma lousa em branco no que concerne a cães. Não temos lembranças e, por certo, nenhuma idiossincrasia em relação à natureza dos cães. Portanto, até o momento desse primeiro encontro, na perspectiva da criança, cães não existem. Evidentemente, na perspectiva do ambiente, cães existem e podem agir como força sobre os sentidos da criança para criar uma experiência. Em outras palavras, ao expressar sua natureza, os cães podem agir como causa para produzir um efeito dentro do ambiente mental da criança.

Que tipo de efeito os cães seriam capazes de produzir? Ora, os cães têm vasta gama de expressões. Ao me referir a uma gama de expressões, estou dizendo que os cães se comportam de numerosas maneiras em relação aos humanos. Podem ser amigáveis, amorosos, protetores e brincalhões; ou podem ser hostis, maus, perigosos e ameaçadores — só para mencionar poucos dos muitos comportamentos de que os cães são capazes. Todos esses traços podem ser observados, experimentados e aprendidos. Quando a criança vê o cachorro pela primeira vez, não há absolutamente nada em seu ambiente mental que lhe diga com o que ela está lidando. Informações ambientais inusitadas, desconhecidas e não classificadas podem despertar certo senso de curiosidade — quando queremos descobrir mais sobre o que estamos experimentando — ou podem gerar um estado de confusão, que facilmente se converte em medo se não pudermos enquadrar as informações em um arcabouço ou contexto organizacional compreensível ou significativo.

Em nosso exemplo, o senso de curiosidade da criança é ativado e ela corre em direção ao cachorro para ter mais experiência sensorial. Observe como as crianças se sentem naturalmente compelidas a se atirar numa situação desconhecida. Contudo, nesse exemplo, as forças ambientais em ação não reagem favoravelmente aos avanços da criança. O cachorro em que a criança está interessada é em si mau ou está

A DINÂMICA DA PERCEPÇÃO

mal-humorado. Em todo caso, assim que a criança chega perto demais, o cachorro a morde. O ataque é tão violento que o cachorro tem de ser afastado da criança.

Esse tipo de experiência infeliz é por certo atípica, mas tampouco é rara. Eu a escolhi por duas razões. Primeiro, a maioria das pessoas pode se identificar com ela de alguma maneira, seja por força de suas próprias experiências diretas, seja por meio da experiência de alguém conhecido. Segundo, quando analisamos a dinâmica básica dessa experiência, de uma perspectiva de energia, vamos aprender sobre (1) como nossa mente foi concebida para pensar, (2) para processar informações, (3) como esses processos afetam nossas experiências e (4) nossa capacidade de reconhecer novas capacidades. Sei que isso pode parecer uma série de insights oriundos de um único exemplo, mas os princípios envolvidos se aplicam à dinâmica subjacente a praticamente todo aprendizado.

Em consequência de ter sofrido trauma físico e emocional, o garotinho de nosso exemplo tem uma lembrança e uma idiossincrasia sobre como os cães se expressam. Se a capacidade do menino de se lembrar de suas experiências for normal, ele pode armazenar esse incidente de maneira que represente todos os sentidos que foram por ele impactados. Por exemplo, o ataque pode ficar gravado como imagens mentais baseadas no que ele viu, ou como sons mentais representando o que ele ouviu, e assim por diante. As lembranças associadas aos outros três sentidos funcionarão da mesma maneira.

Todavia, os tipos de dados sensórios em sua memória não são tão importantes quanto os tipos de energia representados pelos dados sensórios. Basicamente, temos dois tipos de energia mental: energia com carga positiva, que denominamos amor, confiança, felicidade, alegria, satisfação, excitação, entusiasmo, para mencionar algumas das manifestações prazerosas que podemos sentir; e energia com carga negativa, que designamos como medo, terror, insatisfação, traição, arrependimento, raiva, confusão, ansiedade, estresse e frustração, todas representando o que em geral é referido como dor emocional.

Como a primeira experiência do garoto com um cachorro foi intensamente dolorosa, podemos supor que, quaisquer que tenham sido os

O TRADER VENCEDOR

sentidos afetados, todas as suas recordações dela oriundas serão dolorosas, desagradáveis e incômodas. Agora, que efeitos terá essa energia mental negativa sobre a percepção e o comportamento do garoto se e quando ele interagir com outro cachorro? A resposta é tão óbvia que talvez até pareça ridículo perguntar, mas as implicações profundas não são óbvias; portanto, seja paciente. Claramente, o momento em que ele entrar em contato com outro cachorro será de medo.

Observe que usei a palavra "outro" para descrever o próximo cachorro com que ele interagir. O que quero apontar é que *qualquer* cachorro pode levar o menino a sentir medo, não só aquele que realmente o atacou. Não fará absolutamente nenhuma diferença se o próximo cachorro com que ele vier a ter contato for o mais afável do mundo, cuja natureza se preste apenas a expressar alegria e afeto. A criança ainda sentirá medo, e, de mais a mais, esse temor pode rapidamente se converter em pavor desmedido, sobretudo se o segundo cachorro (ao ver a criança e quiser brincar) tentar se aproximar dela.

Cada um de nós, vez por outra, presencia uma situação em que alguém expressa medo, quando de nossa perspectiva não há o mínimo perigo ou ameaça. Embora não pudéssemos dizê-lo, provavelmente pensamos conosco que essa pessoa estava sendo irracional. Se, porém, tentássemos lhe mostrar por que não havia nada a temer, o mais provável é que nossas palavras tivessem sido inúteis ou pouco impactantes.

Poderíamos facilmente pensar da mesma maneira em relação ao garoto do nosso exemplo, ou seja, que ele está sendo irracional, porque está claro, do nosso ponto de vista, que outros cenários são mais prováveis além daquele que o amedronta. Seria, porém, o medo dele menos racional que, digamos, o medo (ou hesitação) de um trader quanto à sua próxima operação, se a sua última experiência no mercado foi um fiasco? Usando a mesma lógica, um top trader diria que o medo de seu colega é irracional, porque essa oportunidade do momento não tem nada a ver com a anterior. Cada operação simplesmente tem seus trunfos, com um resultado provável, estatisticamente independente do de qualquer outra operação. Se você pensa de maneira contrária, compreendo por que você está com medo, mas posso lhe assegurar que os seus medos são de todo infundados.

A DINÂMICA DA PERCEPÇÃO

Percepção e risco

Como se vê, a percepção de risco de alguém pode perfeitamente ser vista por outrem como irracional. O risco é relativo, mas, para quem o percebe no momento, ele parece absoluto e inquestionável. Quando a criança deparou com seu primeiro cachorro, ela estava vibrando de excitação e curiosidade. O que será que, na maneira como a mente humana pensa e processa informações, porventura diria ao menino que seu próximo encontro com um cachorro será tão assustador quanto o primeiro? Há por certo mais a aprender sobre a natureza dos cães do que sua única experiência do gênero lhe ensinou, especialmente à luz do fato de que nossa mente tem capacidade de aprendizado ilimitada. E por que seria virtualmente impossível dissuadir o menino desse medo?

O poder da associação

Por mais complexas que à primeira vista pareçam essas questões, a maioria delas pode ser respondida com muita facilidade. Estou certo de que muitos dos leitores já sabem a resposta: a mente humana tem uma característica essencial que nos leva a associar e a relacionar tudo o que existe no ambiente externo, que seja semelhante em qualidades, características, propriedades ou peculiaridades, a qualquer outra coisa já existente em nosso ambiente interno, como lembranças ou idiossincrasias. Em outras palavras, no exemplo da criança que tem medo de cachorros, o segundo cachorro, ou qualquer outro que ela encontrar depois da primeira experiência, não precisa ser o mesmo que a atacou para que lhe provoque dor emocional. Basta que haja parecenças ou semelhanças para que sua mente estabeleça a conexão entre os dois animais.

Essa tendência natural de nossa mente de fazer associações é uma função mental inconsciente que seria análoga a uma função física involuntária, como os batimentos cardíacos. Da mesma maneira como não precisamos pensar conscientemente no processo de fazer o coração pulsar, não temos de pensar sobre comparar experiências e nossos sentimentos a elas concernentes. Trata-se simplesmente de uma função natural da maneira como nossa mente processa informações, e, como as batidas do coração, é algo que exerce um efeito profundo sobre o modo como experimentamos a vida.

Gostaria que você tentasse visualizar o flow de energia de mão dupla que reverte a relação de causa e efeito, capaz de dificultar (se não de impossibilitar) que o garoto perceba quaisquer outras possibilidades afora a que tem em mente. Para ajudá-lo, vou desdobrar esse processo em suas partes menores e repassar o que acontece passo a passo. Tudo isso talvez pareça um pouco abstrato, mas compreender esse processo é fundamental para liberar o seu potencial de alcançar sucesso consistente como um grande trader.

Primeiro, vamos direto ao básico. Há energia estruturada fora do garoto e energia estruturada dentro do garoto. A energia externa tem carga positiva, na forma de um cachorro amigo que quer se expressar brincando. A energia interna é uma lembrança com carga negativa na forma de imagens e sons mentais que representam a primeira experiência do garoto com um cachorro.

Tanto a energia interna quanto a energia externa podem atuar sobre os sentidos do menino e, em consequência, criar duas diferentes situações a serem experimentadas. A energia externa tem o potencial de agir como força sobre o garoto, de maneira que ele ache a experiência muito agradável. Esse cachorro, em especial, expressa características comportamentais como descontração, companheirismo e até amor. Lembre-se, porém, de que essas são qualidades que o menino ainda não experimentou em um cachorro; portanto, sob a perspectiva dele, elas não existem. Como no exemplo do gráfico de preços que já apresentei aqui, a criança não perceberá o que ainda não aprendeu, a não ser que ela esteja em estado mental propício ao aprendizado.

Também a energia interna tem potencial e só está à espera de uma oportunidade, por assim dizer, para se expressar. Ela, porém, se manifestará aos olhos e ouvidos do menino de maneira que o fará se sentir ameaçado. Essa manifestação, por sua vez, gerará uma experiência de dor emocional, de medo e até de terror.

Da maneira como apresentei a situação, talvez pareça que a criança pode escolher entre passar por uma experiência prazerosa e passar por

A DINÂMICA DA PERCEPÇÃO

uma experiência dolorosa, mas esse realmente não é o caso, ao menos no momento. Dentre os dois desfechos possíveis nessas circunstâncias, o garoto sem dúvida experimentará dor e medo, em vez de alegria. E assim é por várias razões.

Primeiro, como já disse, nossa mente está configurada para, de maneira automática e instantânea, associar e correlacionar informações com características, propriedades e peculiaridades semelhantes. O que está no ambiente externo da criança na forma de um cachorro parece e soa semelhante ao cachorro que está em seu ambiente interno. Todavia, o grau de semelhança necessário para que ela associe as duas imagens é uma variável desconhecida. Como a mente de todas as pessoas tem características comuns, mas ao mesmo tempo é única, suponho que haja uma faixa de tolerância para semelhanças e dessemelhanças, e cada indivíduo tem capacidades singulares nessa gama.

Eis o que sabemos: quando esse novo cachorro estabelecer contato com os olhos e ouvidos do garoto, se houver semelhanças suficientes entre como ele parece e soa e o cachorro que está enraizado na memória da criança, a mente do garoto automaticamente associará os dois animais. Essa conexão, por sua vez, liberará energia negativa em sua memória através de seu corpo, acometendo-o de um sentimento muito desagradável de presságio ou terror. O grau de desconforto ou dor emocional que ele experimentará será equivalente ao grau de trauma que ele sofreu em consequência do primeiro encontro com um cachorro.

O que acontece em seguida é aquilo que os psicólogos denominam projeção. Eu a mencionarei simplesmente como outra associação instantânea que faz a realidade da situação do ponto de vista do menino parecer uma verdade absoluta e inquestionável. O corpo dele agora está cheio de energia negativa. Ao mesmo tempo, ele está em contato sensorial com o cachorro. Em seguida, a mente dele associa qualquer informação sensorial por ele percebida à energia dolorosa que ele está experimentando em seu âmago, o que faz parecer que a fonte de seu desconforto e pavor é o cachorro que ele está vendo e ouvindo naquele momento.

Os psicólogos chamam essa dinâmica que acabei de descrever de projeção, porque, de certo modo, o garoto está projetando no cachorro real a dor que está experimentando. Essa energia dolorosa, então, se

reflete de volta nele e o leva a perceber o cachorro real como ameaçador, doloroso e perigoso. Tal processo torna esse cachorro idêntico em
caráter, propriedades e traços àquele que está no banco de memória da
criança, embora as informações que esse outro cachorro esteja gerando
sobre o seu comportamento não sejam idênticas, nem mesmo similares,
ao comportamento do cachorro que atacou o menino no passado.

Como os dois cachorros — o que está na mente da criança e o que
está no ambiente externo — parecem exatamente o mesmo, é muito
improvável que o garoto faça qualquer tipo de distinção no comportamento do segundo cachorro que lhe sugira alguma diferença em relação
ao que está em sua mente. Assim, em vez de perceber esse segundo
cachorro como uma oportunidade para experimentar algo novo sobre a
natureza canina, ele o percebe como um animal ameaçador e perigoso.

Agora, pensando bem, o que há nesse processo capaz de indicar
ao garoto que sua segunda experiência com um cachorro não foi uma
verdade absoluta e inquestionável? Por certo, a dor e o medo que ele
experimentou no corpo foi uma verdade absoluta e inquestionável.

E quanto às possibilidades que ele percebeu? Eram verdadeiras? Em
nossa perspectiva, não eram. Entretanto, na perspectiva do menino,
poderiam elas ser qualquer outra coisa senão a verdadeira realidade da
situação? Que alternativas ele tinha? Primeiro, ele não pode perceber
possibilidades sobre as quais ainda não aprendeu. E é extremamente
difícil aprender alguma coisa nova da qual você está com medo, porque,
como você já bem sabe, medo é uma forma de energia muito debili-
tante. Ele nos leva a recuar, a entrar de prontidão para nos proteger, a
estreitar nosso foco de atenção, a correr — tudo o que dificulta muito,
se não impossibilita, nos abrir de maneira a nos permitir aprender alguma coisa nova.

Segundo, também como já apontei, no que se refere ao garoto, o
cachorro é a causa de sua dor, o que em certo sentido é verdade. Sem
dúvida, o segundo cachorro o levou a mexer na ferida que já havia em
sua mente, mas não foi a verdadeira causa de sua dor. Esse era um
cachorro com carga positiva, que foi associado à energia com carga
negativa do garoto, por um processo mental involuntário e automático,
funcionando com velocidade superior à de um piscar de olhos (processo

A DINÂMICA DA PERCEPÇÃO

do qual o garoto não tem absolutamente nenhuma consciência). Portanto, no que lhe diz respeito, por que estaria ele com medo, não fosse verdade absoluta o que ele percebeu sobre o cachorro?

Como se vê, não faria nenhuma diferença a maneira como o segundo cachorro estivesse agindo ou o que alguém poderia dizer sobre por que o garoto não precisava ter medo, pois ele perceberia qualquer informação que o cachorro estivesse gerando sobre si mesmo (por mais positiva que fosse) sob uma perspectiva negativa. Ele não teria a mais leve noção de que sua experiência de dor, medo e terror era pura autossugestão.

Agora, se é possível que o garoto seja a causa da própria dor e pavor, e, ao mesmo tempo, esteja plenamente convencido de que sua experiência negativa é de fato oriunda do ambiente externo, seria porventura também possível para os traders gerar as próprias experiências de medo e dor emocional, à medida que interagem com as informações de mercado, e ficar absolutamente convencidos de que sua dor e medo sejam plenamente justificados pelas circunstâncias externas? A dinâmica psicológica subjacente funciona exatamente da mesma maneira.

Um de seus objetivos básicos como trader é perceber as oportunidades disponíveis, não a ameaça de dor. Para aprender a se concentrar nas oportunidades, é preciso conhecer e compreender, não de maneira incerta, a fonte da ameaça. Não é o mercado. O mercado gera informações sobre seus movimentos potenciais sob uma perspectiva neutra. Ao mesmo tempo, ele lhe fornece (ao observador) uma sucessão ininterrupta de oportunidades de fazer alguma coisa em seu próprio nome. Se o que você percebe em dado momento o induz a sentir medo, faça-se a seguinte pergunta: é essa informação em si ameaçadora ou você está simplesmente experimentando o efeito de seu próprio estado mental, que se reflete de volta em você (como no exemplo acima)?

Como sei que esse é um conceito difícil de aceitar, darei outro exemplo para ilustrar esse ponto. Vamos montar um cenário em que suas últimas duas ou três operações tenham sido perdedoras. Você está observando o mercado e detecta as variáveis em que você se baseia para identificar oportunidades de operação. Em vez de executá-la imediatamente, você hesita. A operação parece muito arriscada, tão arriscada, de fato, que você começa a questionar se há "realmente"

103

sinais positivos. Assim, você começa a reunir informações para confirmar que essa operação provavelmente não será boa. Trata-se de informações que você normalmente não consideraria e às quais nem prestaria atenção, exatamente por não serem parte de sua metodologia de trading.

Nesse meio-tempo, o mercado se movimenta. Infelizmente, ele se afasta do seu ponto de entrada original, aquele em que você executaria a operação se não tivesse hesitado. Agora, você está em conflito, porque ainda quer entrar; a ideia de perder uma operação vencedora é dolorosa. Ao mesmo tempo, à medida que o mercado se afasta do seu ponto de entrada, o valor em dólar do risco da operação aumenta. O cabo de guerra em sua mente se intensifica. Você não quer perder a oportunidade, mas também não quer ficar entre a cruz e a caldeira. No fim das contas, você não faz nada, porque fica paralisado pelo conflito. Você justifica seu estado de imobilidade dizendo a si mesmo que é simplesmente arriscado demais correr atrás do mercado, por não ter entrado na hora certa, enquanto se tortura a cada tick do mercado na direção do que teria sido uma boa operação vencedora.

Se esse cenário lhe parecer familiar, pergunte-se a si mesmo se, no momento em que hesitou, você estava percebendo realmente o que o mercado oferecia ou, em vez disso, estava percebendo o que havia em sua mente, refletindo-se de volta em você. O mercado lhe deu um sinal, mas você não o percebeu sob uma perspectiva objetiva ou positiva. Você não o viu como oportunidade para experimentar o sentimento positivo resultante de vencer ou de ganhar dinheiro, mas isso era exatamente o que o mercado estava lhe proporcionando.

Pense nisto por um momento: se eu mudar o cenário, para que suas últimas duas ou três operações fossem vencedoras em vez de perdedoras, teria você percebido o sinal de alguma maneira diferente? Teria sido a sua percepção mais como oportunidade de ganhar do que no primeiro cenário? Acaso estivesse saindo de três vitórias seguidas no mercado, teria você hesitado em executar a operação? Muito improvável! Se você for como a maioria dos traders, provavelmente estaria pensando com muita seriedade em aumentar a aposta, montando uma operação muito maior que de hábito.

A DINÂMICA DA PERCEPÇÃO

Em cada situação, o mercado emitiu o mesmo sinal. O seu estado mental, porém, era negativo e receoso no primeiro cenário, e isso o levou a focar na possibilidade de fracasso, o que por sua vez o induziu a hesitar. No segundo cenário, você mal percebeu qualquer risco. Você talvez até tenha pensado que o mercado estava realizando o seu sonho. Isso, por sua vez, tornaria mais fácil, se não irresistível, aumentar seu comprometimento financeiro.

Se você aceitar o fato de que o mercado não gera informação com carga positiva ou negativa como característica inerente da maneira como se expressa, conclui-se que o único outro lugar onde as informações podem assumir carga positiva ou negativa é na sua cabeça, e isso é resultado da maneira como a mente processa as informações. Em outras palavras, o mercado não o induz a se concentrar em fracasso e sofrimento ou em vitória e contentamento. O que leva as informações a assumirem qualidade positiva ou negativa é o mesmo processo mental inconsciente que induziu o menino a perceber o segundo cachorro como ameaçador e perigoso, quando o cachorro estava oferecendo apenas alegria e afeto.

Associamos constantemente o que acontece no ambiente externo (informações) com algo que já se encontra em nosso ambiente interno (o que sabemos), dando a impressão de que as circunstâncias externas e as lembranças, idiossincrasias e crenças a elas associadas são exatamente as mesmas. Em consequência, no primeiro cenário, se você estivesse saindo de duas ou três operações perdedoras, o próximo sinal que o mercado lhe transmitisse sobre a existência de uma oportunidade lhe pareceria arriscado demais. Sua mente ligaria de maneira automática e inconsciente o "momento presente" às suas experiências de trading mais recentes. O link o conectaria à dor de perder, criando um estado mental assustador e induzindo-o a perceber as informações do momento sob uma perspectiva negativa. É como se o mercado estivesse expressando uma informação ameaçadora, o que evidentemente justificaria a sua hesitação.

No segundo cenário, o mesmo processo o leva a perceber a situação de um ponto de vista demasiado positivo, porque você está saindo de três vitórias sucessivas. A associação entre o "momento presente" e a vibração

105

das três últimas operações gera um estado mental positivo ou eufórico, fazendo parecer que o mercado lhe está oferecendo uma oportunidade sem risco. Evidentemente, isso justifica o excesso de comprometimento.

No capítulo 1, eu disse que muitos dos padrões mentais que levam os traders a cometer erros e a perder são tão evidentes e estão de tal modo arraigados a ponto de nunca nos ocorrer que a razão de não alcançarmos vitórias consistentes é a maneira como pensamos. Compreender, conscientizar-se e, então, aprender a evitar essa propensão natural da mente para fazer associações é um processo que explica grande parte do sucesso consistente. Desenvolver e preservar um estado mental que perceba o flow de oportunidades do mercado, sem a ameaça de dor e sem os problemas decorrentes do excesso de confiança, exige o controle consciente do processo de associação.

6.
A perspectiva do mercado

EM GERAL, A PERCEPÇÃO DE RISCO DE UM TRADER típico em qualquer situação varia conforme o resultado de suas duas ou três operações mais recentes, dependendo do indivíduo. Os melhores traders, por outro lado, não são impactados (de maneira negativa nem positiva) pelos resultados de sua última ou mesmo de várias de suas últimas operações. Portanto, sua percepção do risco de qualquer situação de trading não é afetada por essa variável psicológica pessoal. Há aqui uma enorme lacuna psicológica, capaz de levá-lo a acreditar que os melhores traders dispõem de atributos mentais inatos que explicam essa brecha, mas posso garantir que não é bem assim.

Todos os traders com quem trabalhei nos últimos dezoito anos tiveram de treinar a mente para manter o foco adequado no "flow de oportunidades do momento presente". Esse é um problema universal e tem a ver tanto com nossa compleição mental quanto com nossa educação social comum (o que significa que esse problema particular de trading não é específico da pessoa). Outros fatores relativos à autoestima também podem atuar como obstáculos ao seu sucesso consistente em trading, mas o que vamos analisar agora é o componente mais importante e fundamental do seu sucesso como trader.

O princípio da "incerteza"

Se existe algo secreto na natureza da atividade de trading, eis o que é: no próprio cerne da capacidade de cada um de 1) operar sem medo e sem excesso de confiança, 2) perceber o que o mercado está oferecendo, sob a perspectiva dele, 3) manter-se completamente focado no "flow de oportunidades do momento presente" e 4) espontaneamente, operar em flow é uma forte crença, quase inabalável, na incerteza do resultado, com um trunfo a seu favor.

Os melhores traders evoluíram a ponto de acreditarem, sem sombra de dúvida nem conflito interno, que "qualquer coisa pode acontecer". Eles não *apenas suspeitam* que qualquer coisa pode acontecer nem somente alardeiam a ideia da boca para fora. A crença deles na incerteza é tão poderosa que de fato impede qualquer associação mental da situação e das circunstâncias do "momento presente" com os resultados de suas operações mais recentes.

Ao evitar essa associação, eles liberam a mente de expectativas irrealistas e rígidas sobre como o mercado se expressará. Em vez de criar o tipo de expectativa irrealista que com frequência resulta em dor emocional e financeira, eles aprendem a "tornar-se disponíveis" para aproveitar quaisquer oportunidades que o mercado venha a lhes oferecer em dado momento.

"Tornar-se disponível" é uma perspectiva a partir da qual você compreende que as circunstâncias em que você está percebendo as informações são restritivas em relação ao que está sendo oferecido. A mente não percebe automaticamente todas as oportunidades que se apresentam em qualquer dado momento. (A ilustração do "garoto e do cachorro" do capítulo 5 é um exemplo perfeito de como nossas versões pessoais da verdade se refletem de volta em nós mesmos.)

Esse mesmo tipo de cegueira perceptiva acontece a toda hora em trading. Não podemos perceber o potencial de o mercado continuar a se movimentar numa direção que já seja contrária à nossa posição se, por exemplo, estivermos operando com medo de estarmos errados. O medo de admitir que estamos errados nos leva a atribuir importância desmedida a informações que sugiram a probabilidade de estarmos

A PERSPECTIVA DO MERCADO

certos. Isso acontece mesmo quando são profusas as informações a indicar que o mercado de fato estabeleceu uma tendência na direção oposta à de nossa posição. Tendências de mercado são características do comportamento do mercado que geralmente podemos perceber, mas essas particularidades podem rapidamente tornar-se invisíveis se estivermos operando com medo. Nesse caso, esses rumos prováveis e as oportunidades de operar na direção deles só se tornam visíveis quando estamos fora da operação.

Além disso, há oportunidades que são invisíveis para nós porque não aprendemos a fazer as distinções que nos permitiriam percebê--las. Lembre-se de nossa conversa no capítulo 5 sobre o primeiro gráfico de preços que você viu. O que ainda não aprendemos é invisível para nós, e continua invisível até nossa mente se abrir para uma troca de energia.

A perspectiva a partir da qual você se torna disponível leva em consideração tanto o conhecido quanto o desconhecido. Por exemplo, você construiu uma estrutura mental que lhe permite conhecer um conjunto de variáveis no comportamento do mercado que indicam quando existe uma oportunidade de comprar ou vender. Esse é o seu trunfo e algo que você conhece. No entanto, o que você desconhece é exatamente como se desdobrará o padrão identificado pelas suas variáveis.

Com a perspectiva de ficar disponível, você sabe que o seu trunfo direciona as chances de sucesso a seu favor, mas, ao mesmo tempo, você aceita completamente o fato de não conhecer o resultado de uma operação específica. Ao se tornar disponível, você conscientemente se abre para descobrir o que acontecerá em seguida, em vez de admitir um processo mental automático que o leva a achar que já conhece o desfecho. A adoção dessa perspectiva o libera de resistências internas que podem impedi-lo de perceber qualquer oportunidade que o mercado lhe esteja oferecendo sob a perspectiva dele (a verdade dele). Você se abre para uma troca de energia. Não só você aprende algo sobre o mercado que até então desconhecia, mas também cultiva as condições mentais mais propícias a entrar em flow.

A essência do que significa estar em flow é a sincronia entre a sua mente e o mercado. Em consequência, você sente o que o mercado está

109

a ponto de fazer como se não houvesse separação entre a sua consciência individual e a consciência de todas as outras pessoas que também estão negociando. "Flow" é o espaço mental em que você não se limita a ler a mente coletiva, você também se integra a ela em completa harmonia.

Se isto soa um pouco estranho para você, pergunte-se como é possível que uma revoada ou um cardume mude de direção ao mesmo tempo. Deve ser algum tipo de ligação entre todos os pássaros e todos os peixes. Se for possível que as pessoas também se conectem do mesmo modo, haverá então situações em que as informações daqueles com quem estamos conectados se infiltrarão para a nossa consciência. Os traders que conseguem ser tocados pela consciência coletiva do mercado podem prever as mudanças de direção, da mesma maneira como uma ave no meio de uma revoada ou um peixe no meio de um cardume muda de rumo junto com todos os demais.

No entanto, configurar o tipo de condição mental mais propício para experimentar essa sincronia aparentemente mágica entre você e o mercado não é tarefa simples. Há dois obstáculos mentais a serem superados. O primeiro é o foco deste capítulo: aprender a manter sua mente concentrada no "flow de oportunidades do momento presente". Para estabelecer essa sincronia, sua mente deve estar aberta para a verdade do mercado, na perspectiva do mercado.

O segundo obstáculo tem a ver com a divisão de trabalho entre as duas metades do nosso cérebro. O lado esquerdo do cérebro se especializa em pensamento racional, baseado no que já sabe. O lado direito se especializa em pensamento criativo. Ele é capaz de fomentar uma inspiração, uma intuição, um pressentimento ou um senso de saber que geralmente não pode ser explicado no nível racional, uma vez que, se a informação realmente for criativa por natureza, é algo que de fato não sabemos no nível racional. Por definição, a verdadeira criatividade dá origem a algo que não existia antes. Há um conflito inerente entre esses dois modos de pensamento, que a parte lógica, racional, quase sempre vence, a não ser que, deliberadamente, treinemos a mente para aceitar a informação criativa e confiar nela. Sem esse treinamento, geralmente teremos muita dificuldade em agir conforme nossos pressentimentos, impulsos intuitivos, inspirações ou senso de saber.

A PERSPECTIVA DO MERCADO

A ação apropriada em qualquer área exige crença e clareza de intenção, o que mantém a mente e os sentidos concentrados nos propósitos do momento. Se o impulso das ações for criativo por natureza e se a mente racional não tiver sido treinada adequadamente para confiar nessa fonte, nesse caso, em algum ponto do processo de agir com base nessas informações, o cérebro racional inundará nossa consciência com pensamentos conflitantes e concorrentes. Obviamente, todos esses pensamentos serão sensatos e razoáveis por natureza, pois serão oriundos do que já sabemos no nível racional, mas terão o efeito de nos tirar do estado de "flow", ou de qualquer outra condição mental criativa. Poucas coisas na vida são mais frustrantes do que reconhecer as possibilidades apontadas por pressentimentos, intuições ou ideias inspiradoras e não tirar proveito desse potencial porque nos persuadimos a sair dele.

Percebo que o que acabei de dizer ainda é abstrato demais para ser implementado em bases práticas. Portanto, eu o acompanharei passo a passo no processo de compreensão do que significa estar completamente focado no "flow de oportunidades do momento presente". Meu objetivo é que, ao concluir a leitura deste capítulo e do capítulo 7, você compreenda, sem sombra de dúvida, por que seu sucesso derradeiro como trader não será alcançado até você se convencer da incerteza, de maneira resoluta e inabalável.

O primeiro passo para que sua mente e o mercado entrem em sincronia é compreender e aceitar completamente as realidades psicológicas da atividade de trading. Aqui é onde começa a maioria das frustrações, desapontamentos e mistérios associados às operações de mercado. Muito pouca gente que decide operar no mercado se dá ao trabalho de refletir sobre o que significa ser trader, ou sequer se esforça para isso. A maioria das pessoas que atuam em trading pensa que ser trader é ser bom analista de mercado.

Como mencionei, nada poderia estar mais longe da verdade. Boa análise de mercado certamente pode contribuir para o sucesso e impulsionar sua busca, mas não merece a atenção e a importância que a maioria dos traders a ela atribui. Subjacentes aos padrões de comportamento do mercado, que tanto atraem a atenção e em que é tão fácil se fixar, encontram-se algumas características psicológicas singulares. É a natureza dessas características psicológicas que determina como se deve "ser" para operar com eficácia no ambiente de mercado.

Ser eficaz em um contexto que tem qualidades, características ou peculiaridades diferentes de tudo a que estamos afeitos exige alguns ajustes ou mudanças na maneira como normalmente encaramos as situações. Por exemplo, se você for viajar para um lugar exótico, com certos objetivos ou metas a alcançar, a primeira providência deve consistir em familiarizar-se com as tradições e costumes locais. Agindo assim, você logo aprende as várias maneiras como deve se adaptar, para atuar com sucesso nesse ambiente.

Os traders com frequência ignoram o fato de que precisam se ajustar para alcançar sucesso consistente. Há duas razões para isso. A primeira é que você não precisa de absolutamente nenhuma habilidade de qualquer espécie para executar uma operação vencedora. Para a maioria dos traders, geralmente demora anos de dor e sofrimento até descobrir ou enfim admitir que o sucesso consistente no mercado exige mais do que a capacidade de escolher operações vitoriosas.

A segunda razão é que você não precisa ir a nenhum lugar para operar no mercado. Basta ter acesso a um telefone. Você nem precisa sair da cama de manhã. Até os traders que geralmente operam de um escritório não precisam estar no local de trabalho para entrar ou sair de operações. Como podemos acessar o mercado e interagir com ele em ambientes pessoais, com que estamos muito familiarizados, temos a impressão de que a atividade de trading não exige adaptações especiais em nossa maneira de pensar.

Até certo ponto, você provavelmente já está consciente de muitas das verdades fundamentais (características psicológicas) sobre a natureza das operações de mercado. Mas a conscientização ou a compreensão de alguns princípios, insights ou conceitos não equivale necessariamente a aceitação e crença. Quando realmente aceitamos alguma coisa, ela não entra em conflito com nenhum outro componente de nosso ambiente mental. Quando acreditamos em algo, operamos em conformidade com essa crença, como função natural de quem somos, sem luta ou esforço adicionais. Qualquer que seja o grau em que ocorre um conflito com qualquer outro componente do nosso ambiente mental, no mesmo grau existe uma falta de aceitação.

Não é difícil, portanto, compreender por que tão poucas pessoas se realizam como traders. Elas simplesmente não fazem o trabalho mental necessário para reconciliar os muitos conflitos que existem entre o que já aprenderam e em que acreditam, de um lado, e como esses saberes e crenças se contradizem e atuam como fonte de resistência contra a implementação dos vários princípios de trading bem-sucedido. Adentrar e explorar os estados mentais fluentes, ideais para trading, exige que esses conflitos sejam de todo resolvidos.

A característica mais fundamental do mercado
(O mercado pode se expressar com uma combinação quase infinita de maneiras)

O mercado pode fazer praticamente qualquer coisa a qualquer hora. Isso parece bastante óbvio, especialmente para alguém que já tenha atuado em um mercado com viradas de preços erráticas e voláteis. O problema é que todos nós temos a tendência de dar como certas essas características, de maneira que nos levam a cometer reiteradamente os erros de trading mais elementares. O fato é que, se os traders realmente acreditassem que qualquer coisa pode acontecer a qualquer momento, haveria muito menos perdedores consistentes e muito mais vencedores consistentes.

Como sabemos que praticamente tudo pode acontecer? Esse fato pode ser constatado com muita facilidade. Tudo o que temos de fazer é dissecar o mercado em suas partes componentes e olhar para como as partes operam. O componente mais fundamental de qualquer mercado são os traders. Cada trader atua como força sobre os preços, fazendo-os mover-se, aumentando-os ou diminuindo-os.

Por que será que os traders aumentam ou diminuem os preços? Para responder a essa pergunta, temos de explicar por que as pessoas operam no mercado. Muitas são as razões e os propósitos por trás da motivação para operar em qualquer mercado. Contudo, para os fins desta ilustração, não temos de conhecer todas as razões subjacentes que compelem qualquer trader a agir, porque, em última análise, todas se resumem em uma razão e em um propósito: ganhar dinheiro. Sabemos disso porque os traders só podem fazer duas coisas — comprar e vender — e só há dois resultados possíveis para cada operação — lucro ou prejuízo.

Portanto, acho que podemos presumir com segurança que, quaisquer que sejam as razões para operar no mercado, a conclusão é que todo mundo está buscando o mesmo resultado: lucro. E há apenas duas maneiras de gerar lucro: comprar na baixa e vender na alta ou vender na alta e comprar na baixa. Se partirmos da premissa de que todos querem ganhar dinheiro, só há uma razão para que qualquer trader aumente o preço de compra até o nível mais alto seguinte: acreditar que pode revender a um preço mais alto qualquer coisa que comprar em algum momento no futuro. Assim é também com o trader que está disposto a vender alguma coisa a um preço inferior ao da última venda (oferecer um preço de mercado mais baixo). Ele age assim porque acha que, em algum momento no futuro, pode recomprar a um preço mais baixo qualquer coisa que esteja vendendo.

Se observarmos o comportamento do mercado como função do movimento dos preços, e se o movimento dos preços é função dos traders que estão dispostos a oferecer preços de compra mais altos ou a aceitar preços de venda mais baixos, podemos dizer, então, que todo movimento de preços (comportamento do mercado) é função do que os traders acreditam em relação ao futuro. Para ser mais específico, todo movimento de preços é função do que cada trader considera alto ou baixo.

A dinâmica subjacente do comportamento do mercado é muito simples. Em qualquer mercado, só existem três forças básicas: traders para os quais o preço está baixo; traders para os quais o preço está alto; e traders que estão observando e esperando para concluir sobre se o preço está baixo ou alto. As razões que justificam as crenças de um dado trader de que algo está alto ou baixo são geralmente irrelevantes, porque a maioria das pessoas que operam no mercado atua de maneira indisciplinada, desorganizada, fortuita e aleatória. Portanto, suas razões nem sempre ajudariam alguém a compreender o que está acontecendo.

A PERSPECTIVA DO MERCADO

Compreender, porém, o que está acontecendo não é tão difícil, se você se lembrar de que todo movimento de preços é consequência do equilíbrio ou desequilíbrio relativo entre duas forças básicas: traders que acreditam que o preço está alto e traders que acreditam que o preço está baixo. Se houver equilíbrio entre os dois grupos, os preços ficarão estagnados, porque cada lado absorverá a força das ações do outro lado. Se houver desequilíbrio, os preços se moverão na direção da força mais poderosa, ou a favor dos traders que mais estiverem convencidos de suas crenças sobre a direção em que os preços se movimentarão.

Quero agora que você se pergunte o que deterá virtualmente todos os movimentos do mercado, a qualquer hora, afora limites impostos pelas próprias bolsas de valores. Nada é capaz de impedir que o preço suba ou desça tanto quanto qualquer trader do mundo acredite ser possível — se, evidentemente, o trader estiver disposto a agir com base em suas convicções. Assim, a faixa de oscilação do comportamento do mercado em sua forma coletiva está limitada apenas pelas crenças mais extremas de qualquer participante do mercado sobre o que está muito alto ou muito baixo. Acho que as implicações são evidentes: a diversidade de crenças em dado mercado, em certo momento, pode ser extrema, possibilitando praticamente tudo.

Quando olhamos para o mercado sob essa perspectiva, é fácil ver que todo trader potencial que esteja disposto a expressar sua crença sobre o futuro torna-se uma variável do mercado. Em nível mais pessoal, isso significa que basta outro trader, em qualquer lugar do mundo, para negar o potencial positivo da sua operação. Em outros termos, somente outro trader é suficiente para neutralizar o que você considera alto ou baixo. Isso é tudo, apenas um!

Eis um exemplo para ilustrar esse ponto. Vários anos atrás, um trader me pediu ajuda. Ele era um excelente analista de mercado; com efeito, era um dos melhores que já conheci. Durante anos de frustração, entretanto, em que ele perdeu todo o seu dinheiro e o de muitas outras pessoas, ele finalmente estava pronto para admitir que, como trader, ele deixava muito a desejar. Depois de conversar com ele por algum tempo, concluí que numerosos obstáculos psicológicos sérios o estavam impedindo de ser bem-sucedido. Um dos fatores mais problemáticos era ser um sabe-tudo extremamente arrogante, o que o impedia de atingir o grau de flexibilidade mental necessário para operar com eficácia. Não importava quão bom analista ele era. Ao me procurar, ele estava tão desesperado por ajuda e dinheiro que se dispunha a considerar qualquer coisa.

Minha primeira sugestão foi que, em vez de procurar outro investidor a quem orientar, o que em última análise seria outra tentativa frustrada em trading, seria melhor procurar um emprego, fazer alguma coisa em que fosse realmente bom. Ele receberia uma renda regular enquanto cuidava de seus problemas, e ao mesmo tempo prestaria serviços valiosos a alguém. Ele seguiu o meu conselho e rapidamente encontrou uma posição como analista técnico numa corretora em Chicago.

O presidente semiaposentado da corretora era um trader experiente, com mais de quarenta anos de prática no pregão de grãos na Chicago Board of Trade. Ele não sabia muito sobre análise técnica, porque nunca precisou ganhar dinheiro na sala de negociações. No entanto, já não operava mais no pregão e achou a transição da tela para a sala de negociações muito difícil e um tanto misteriosa. Assim, ele pediu a um novo analista técnico altamente conceituado da corretora para se sentar com ele durante as negociações e ensinar-lhe a prática de análise técnica. O astro recém-contratado agarrou-se à oportunidade de exibir suas habilidades a um trader tão experiente e bem-sucedido.

O analista usava um método técnico denominado "ponto e figura", desenvolvido por Charles Drummond, que, quando interpretado corretamente, pode definir com exatidão as linhas de suporte e resistência. Um dia, quando os dois estavam observando juntos o mercado de grãos de soja, o analista tinha projetado importantes pontos de suporte e resistência e o mercado estava negociando entre esses dois pontos. Ao explicar ao presidente da corretora a importância desses dois pontos, ele afirmou com muita ênfase, quase em termos absolutos, que se o mercado subisse até a linha de resistência, ele pararia e viraria; e que se o mercado descesse até a linha de suporte, ele também pararia e viraria. Prosseguindo, explicou que se o mercado caísse ao nível de preços que ele calculou como suporte, seus cálculos indicavam que essa também seria a mínima do dia.

Enquanto eles observavam, o mercado aos poucos se inclinou para baixo, para o preço que o analista tinha dito que seria o suporte, ou mínima do dia. Quando os preços finalmente chegaram lá, o presidente olhou para o analista e disse: "É aqui que o mercado deve parar e começar a subir, certo?". O analista respondeu: "Absolutamente. Essa é a mínima do dia". "Isso é besteira!", retorquiu o presidente. "Veja isso." Pegou então o telefone, chamou um dos funcionários que executavam as ordens no pregão de grãos de soja e disse: "Venda 2 milhões de *bushels* [alqueires] no mercado". Trinta segundos depois da colocação da ordem, o mercado de grãos de soja caiu dez centavos por *bushel*. O presidente virou-se para olhar a expressão horrorizada no rosto do analista. Calmamente, perguntou: "Agora, onde você disse que o mercado pararia? Se eu posso fazer isso, qualquer um pode".

A questão é que, em nossa própria perspectiva individual como observadores do mercado, qualquer coisa pode acontecer, e basta um trader entrar em ação. Essa é a dura e fria realidade em trading, que apenas a nata dos melhores traders encara e aceita sem conflito interno. Como sei disso? Porque só os melhores traders sempre predefinem os riscos antes de entrar numa operação. Apenas os melhores traders cortam as perdas sem reserva e hesitação quando o mercado lhes diz que a operação não está dando certo. E apenas os melhores traders têm um regime organizado e sistemático de gestão financeira para realizar os ganhos quando o mercado vai na direção de suas operações.

Não predefinir os riscos, não cortar as perdas e não realizar os ganhos são três dos erros mais comuns — e geralmente mais onerosos — em trading. Apenas os melhores traders eliminaram esses erros de suas operações. Em algum ponto da carreira, eles aprenderam a acreditar, sem sombra de dúvida, que qualquer coisa pode acontecer, e **sempre** levam em conta o desconhecido e admitem o inesperado.

Lembre-se de que somente duas forças movimentam os preços: traders que acreditam que o mercado está em alta e traders que acreditam que o mercado está em baixa. Em qualquer dado momento, podemos ver quem tem a convicção mais forte, observando onde o mercado está agora em comparação com onde o mercado estava alguns momentos antes. Caso se apresente algum padrão reconhecível, esse padrão pode se repetir, indicando a provável direção do mercado. Esse é o nosso trunfo, algo que sabemos.

Também há, no entanto, muito que não sabemos, e que nunca saberemos, se não aprendermos a ler mentes. Por exemplo, acaso sabemos quantos traders estão se aquecendo nas laterais do mercado, prestes a entrar a qualquer momento? Porventura sabemos quantos estão dispostos a comprar e quantos estão dispostos a vender, e as quantidades que estão propensos a comprar ou a vender? E quanto aos traders cuja participação já se reflete nos preços vigentes? Em qualquer momento, quantos estão a ponto de mudar de opinião e sair das atuais posições? Se agirem assim, quanto tempo ficarão fora do mercado? E, se e quando voltarem ao mercado, em que direção operarão?

Esses são desconhecimentos constantes e infindáveis, variáveis ocultas que sempre estão presentes em todos os mercados — *sempre*. Os melhores traders não tentam ocultar essas incógnitas, fingindo que não existem, nem tentam intelectualizá-las ou racionalizá-las por meio de análises do mercado. Muito ao contrário, os melhores traders levam a sério essas variáveis, incluindo-as em todos os aspectos de seus regimes de trading.

Já para o trader típico, o oposto é verdadeiro. Ele opera na perspectiva de que o que não se pode ver, ouvir ou sentir não pode existir. Que outra explicação poderia justificar esse comportamento? Se ele realmente acreditasse na existência de todas as variáveis ocultas que têm o potencial de atuar sobre os preços a qualquer momento, ele também teria de acreditar que o resultado de toda operação é incerto. E se o resultado de toda operação for de fato incerto, como pode ele justificar-se ou convencer-se a não predefinir o risco, cortar as perdas ou adotar alguma maneira sistemática de realizar os ganhos? Considerando as circunstâncias, não aderir a esses três princípios fundamentais equivale a cometer suicídio financeiro e emocional.

Como a maioria dos traders não observa esses princípios, deveríamos nós presumir que, no fundo, a verdadeira motivação deles para operar nos mercados seria, quem sabe, a autodestruição? Esta é certamente uma possibilidade, mas acho que a porcentagem de traders que, consciente ou inconscientemente, querem se livrar do dinheiro

A PERSPECTIVA DO MERCADO

ou, de alguma maneira, se autoflagelar é muito pequena. Portanto, se suicídio financeiro não é aqui a razão predominante, o que, nesse caso, impediria que alguém agisse de maneira que, do contrário, faria o mais absoluto e perfeito sentido? A resposta é muito simples: o trader típico não predefine o risco, não corta as perdas nem realiza os ganhos sistematicamente porque não acredita que seja necessário. E a única razão de não acreditar que seja necessário é que ele supõe já saber o que acontecerá em seguida, com base no que ele percebe estar acontecendo em qualquer dado "momento presente". Se ele já sabe, então realmente não é necessário aderir a esses princípios. Acreditar, assumir ou achar que "sabe" será a causa de praticamente todos os erros em trading que ele pode vir a cometer (à exceção dos erros decorrentes de não se considerar merecedor do dinheiro).

Nossas crenças sobre o que é verdadeiro e real são forças internas muito poderosas. Elas controlam todos os aspectos de como interagimos com o mercado, desde nossas percepções, interpretações, decisões, ações e expectativas, até nossos sentimentos sobre os resultados. É extremamente difícil agir de maneira a contradizer o que supomos ser verdade. Em alguns casos, dependendo da intensidade da crença, pode ser quase impossível fazer alguma coisa que viole a sua integridade.

O que o trader típico não percebe é que ele precisa de um mecanismo interno, na forma de algumas crenças poderosas, que virtualmente o force a perceber o mercado de uma perspectiva que esteja em expansão constante, com clareza cada vez maior, e também o induza a sempre agir de maneira adequada, dadas as condições psicológicas e a natureza do movimento dos preços. A crença mais eficaz e funcional em trading que se pode desenvolver é "tudo pode acontecer". Além de ser verdade, ela atuará como fundamento sólido para desenvolver todas as outras crenças e atitudes necessárias para ser um trader bem-sucedido.

Sem essa crença, a mente dele, automaticamente e quase sempre sem consciência, o leva a evitar, bloquear ou racionalizar qualquer informação que indique ser o mercado capaz de fazer alguma coisa que ele não aceite como possível. Já se ele acreditar que qualquer coisa é possível, não há nada a ser evitado. Como *qualquer coisa* inclui tudo, essa crença atuará como força expansiva de sua percepção do mercado, que lhe permitirá detectar informações que, do contrário, seriam invisíveis para ele. Em essência, ele se tornará disponível (abrindo a mente) para perceber outras possibilidades, sob a perspectiva do mercado.

Mais importante: ao adotar a crença de que qualquer coisa pode acontecer, ele treinará a mente para pensar em probabilidades. Esse é, de longe, o princípio mais essencial e mais difícil a ser apreendido e a ser efetivamente integrado no sistema mental dos traders.

7.
O trunfo do trader:
Pensamento probabilístico

O QUE EXATAMENTE SIGNIFICA PENSAR EM probabilidades e por que isso é tão essencial para o sucesso consistente como trader? Se você pensar um pouco e analisar a afirmação acima, perceberá que condicionei "sucesso consistente" a "pensar em probabilidades". Isto soa como contradição: como pode alguém produzir resultados consistentes com base em um evento que tem desfecho probabilístico incerto? Para responder a essa pergunta, tudo o que temos de fazer é olhar para a indústria do jogo.

As empresas gastam vastas quantias, na casa de centenas de milhões, se não de bilhões de dólares em ambientes sofisticados para atrair o público para os seus cassinos. Quem já esteve em Las Vegas sabe precisamente do que estou falando. Os cassinos são exatamente como qualquer outra empresa, no sentido de que têm de justificar como alocam seus recursos para um conselho de administração e, em última instância, para os acionistas. Como você acha que eles justificam vultosos investimentos e despesas em hotéis e instalações de alto luxo para gerar receita com uma atividade cujos desfechos são puramente aleatórios?

Paradoxo: Desfecho aleatório, resultados consistentes

Eis um paradoxo interessante. Os cassinos geram lucros consistentes, dia após dia e ano após ano, promovendo uma atividade cujo desfecho é puramente aleatório. Ao mesmo tempo, a maioria dos traders acredita que o desfecho do comportamento do mercado não é aleatório, ainda que não pareça produzir lucros consistentes. Não deveria um desfecho não aleatório consistente produzir resultados consistentes e um desfecho aleatório produzir resultados aleatórios inconsistentes?

O que os donos de cassinos, os jogadores experientes e os melhores traders compreendem e que o trader típico acha difícil apreender é que os eventos com desfechos prováveis podem produzir resultados consistentes se você conseguir que as chances o favoreçam e se obtiver uma amostra bastante grande dos eventos. Os melhores traders tratam a atividade de trading como um jogo de números, da mesma maneira como os cassinos e os jogadores profissionais abordam o jogo.

Como exemplo, vejamos o jogo blackjack. Nele, o trunfo do cassino sobre o jogador é de cerca de 4,5%, com base nas regras que os jogadores são obrigados a seguir. Isso significa que, numa amostra suficientemente grande (número de rodadas jogadas), o cassino gerará lucro líquido de 4,5 centavos para cada dólar apostado no jogo. Essa média de 4,5% leva em conta todos os jogadores que saem como grandes vencedores (incluindo todas as marés de sorte), todos os jogadores que saem como grandes perdedores e todos que ficam no meio. No fim do dia, semana, mês ou ano, o cassino sempre acaba com aproximadamente 4,5% do total das apostas.

Esses 4,5% talvez não pareçam muito, mas vamos considerá-los em perspectiva. Imaginemos que 100 milhões de dólares sejam apostados coletivamente em todas as mesas de blackjack de um cassino durante um ano. O cassino lucrará 4,5 milhões.

O que os donos de cassinos e os jogadores profissionais compreendem sobre a natureza das probabilidades é que cada rodada do jogo é estatisticamente independente de todas as outras. Isso significa que cada rodada é um evento único, cujo desfecho é aleatório em relação à última rodada e à próxima. Se você focar em cada rodada por vez,

O TRUNFO DO TRADER: PENSAMENTO PROBABILÍSTICO

haverá uma distribuição aleatória imprevisível entre rodadas vencedoras e rodadas perdedoras. Em termos coletivos, porém, o oposto é verdadeiro. Caso se jogue um número bastante grande de rodadas, surgirá um padrão que produz um desfecho consistente, previsível e estatisticamente confiável.

O que torna tão difícil pensar em probabilidades é envolver duas camadas de crenças que, na superfície, parecem contraditórias. Vamos chamar a primeira camada de nível micro. Nesse nível, você tem de acreditar na incerteza e na imprevisibilidade do desfecho de cada rodada. Você sabe que essa incerteza é verdadeira porque sempre há certo número de variáveis desconhecidas que afetam a consistência da qual são extraídas as cartas de cada rodada. Por exemplo, é impossível saber de antemão quantos dos outros participantes decidirão apostar na rodada, já que eles podem pedir ou recusar cartas adicionais. Quaisquer variáveis que afetem a consistência do baralho e que não possam ser controladas ou conhecidas antecipadamente tornarão incerto e aleatório (estatisticamente independente) o desfecho de qualquer rodada específica em relação ao de qualquer outra rodada.

A segunda camada é o nível macro. Nesse nível, é preciso acreditar que o desfecho de uma série de rodadas jogadas é relativamente certo e previsível. O grau de certeza se baseia nas variáveis fixas ou constantes que são conhecidas de antemão e servem para dar uma vantagem (trunfo) para um lado sobre o outro. As variáveis constantes a que me refiro são as regras do jogo. Assim, embora você não saiba nem possa saber antecipadamente (a menos que você seja vidente) a sequência de ganhos e perdas, você pode ter a certeza relativa de que, caso se joguem rodadas suficientes, quem tiver o trunfo acabará com mais ganhos do que perdas. O grau de certeza é função da qualidade do trunfo.

É a capacidade de acreditar na imprevisibilidade do jogo no nível micro e ao mesmo tempo acreditar na previsibilidade do jogo no nível macro que torna o cassino e o jogador profissional eficazes e bem-sucedidos no que fazem. A crença de ambos na singularidade de cada rodada evita que se engajem no esforço inútil de tentar prever o desfecho de cada uma. Os dois aprenderam e aceitaram completamente o fato de que não sabem o que vai acontecer em seguida.

O TRADER VENCEDOR

Mais importante, nem precisam saber para ganharem dinheiro de maneira consistente.

Como não precisam saber o que vai acontecer em seguida, não atribuem nenhum significado especial, emocional ou de qualquer outra natureza a cada rodada, giro da roleta ou lance de dados. Em outras palavras, não se sentem constrangidos por expectativas irrealistas sobre o que vai acontecer, nem está o ego deles de alguma maneira comprometido em estar certo. Em consequência, é mais fácil se concentrar em manter as chances a seu favor e se empenhar na execução impecável, o que, por sua vez, os torna menos suscetíveis a cometer erros onerosos. Eles ficam relaxados porque estão focados e dispostos a deixar as probabilidades (seus trunfos) atuarem por si próprias, cientes o tempo todo de que, se suas vantagens forem bastante boas e o tamanho das amostras for suficiente, eles sairão como vencedores líquidos.

Os melhores traders seguem o mesmo raciocínio estratégico adotado pelos cassinos e jogadores profissionais. Não só atua essa mentalidade a favor deles, mas também a dinâmica básica que a impõe é exatamente a mesma em trading e em jogo. Uma comparação simples entre as duas situações demonstra essa constatação com muita clareza.

Primeiro, o trader, o jogador e o cassino estão todos lidando com variáveis conhecidas e desconhecidas que afetam o desfecho de cada operação de mercado ou evento de jogo. No jogo, as variáveis conhecidas são as regras do jogo. Em trading, as variáveis conhecidas (na perspectiva de cada trader individual) são os resultados de sua análise de mercado.

A análise de mercado encontra padrões de comportamento nas ações coletivas de todos os participantes. Sabemos que os indivíduos agirão da mesma maneira em situações e circunstâncias semelhantes, reiteradamente, produzindo padrões de comportamento observáveis. Da mesma forma, grupos de indivíduos interagindo uns com os outros, dia após dia, semana após semana, também produzem padrões de comportamento que se repetem sucessivamente.

Esses padrões de comportamento coletivo podem ser descobertos e em seguida identificados pelo uso de ferramentas analíticas, como linhas de tendências, médias móveis, osciladores, *retracements* de Fibonacci, só para mencionar algumas das milhares disponíveis para

124

O TRUNFO DO TRADER: PENSAMENTO PROBABILÍSTICO

qualquer trader. Cada ferramenta analítica usa um conjunto de critérios para definir as fronteiras de cada padrão de comportamento identificado. O conjunto de critérios e as fronteiras identificadas são as variáveis do mercado conhecidas pelo trader. São para cada trader o que as regras do jogo são para o cassino e para o jogador. Com isso, estou dizendo que as ferramentas analíticas do trader são as variáveis conhecidas que põem a favor do trader as chances de sucesso (o trunfo) de qualquer dada operação, da mesma maneira como as regras do jogo põem as chances de sucesso a favor do cassino.

Segundo, sabemos que numerosas variáveis desconhecidas influenciam o desfecho de cada jogo. Em blackjack, os desconhecimentos são o baralhamento das cartas e a maneira como os participantes optam por jogar em cada rodada. Em *craps*, ou jogo de dados, é como os dados são lançados. E em roleta, é a força aplicada para girar a roda. Todas essas variáveis desconhecidas atuam como forças sobre o desfecho de cada evento individual, de maneira a levar cada evento a ser estatisticamente independente de qualquer outro evento, criando assim uma distribuição aleatória entre ganhos e perdas.

Trading também envolve numerosas variáveis desconhecidas que influenciam o desfecho de qualquer padrão de comportamento particular que um trader possa identificar e usar como trunfo. Em trading, as variáveis desconhecidas são todos os outros traders que têm o potencial de entrar ou sair de uma operação de mercado. Cada operação contribui para a posição do mercado a qualquer momento, significando que cada trader, atuando com base numa crença do que é alto e do que é baixo, contribui para o padrão de comportamento coletivo que é exibido no momento.

Se houver um padrão reconhecível e se as variáveis que caracterizam esse padrão se conformarem com a definição de trunfo de um dado trader, podemos dizer que o mercado está oferecendo ao trader uma oportunidade de comprar na baixa e vender na alta, com base na interpretação do trader. Suponha que o trader explore a oportunidade para aproveitar o seu trunfo e executar uma operação. Que fatores determinarão se o mercado evolui na direção do trunfo ou contra ele? A resposta é o comportamento dos outros traders!

No momento em que o trader entra numa operação e enquanto ele mantém a operação, outros traders também estarão atuando no mercado. Eles agirão conforme suas crenças sobre o que é alto e o que é baixo. Em qualquer momento, certa porcentagem dos outros traders contribuirá para um desfecho favorável para o trunfo do nosso trader e outra porcentagem dos demais traders atuará contra o seu trunfo. Não há como saber antecipadamente como todos os outros traders se comportarão e como o comportamento deles afetará a operação do nosso trader; portanto, o desfecho dessa operação é incerto. O fato é que o desfecho de toda operação (legal) que alguém decida executar é afetado de alguma maneira pelo comportamento subsequente dos outros traders que participam do mercado, tornando incerto o desfecho de todas as operações.

Como todas as operações têm um desfecho incerto, então, como no jogo, cada operação tem de ser estatisticamente independente da operação seguinte, da operação anterior e de quaisquer operações no futuro, apesar de o trader poder usar o mesmo conjunto de variáveis conhecidas para identificar seu trunfo em cada operação. Além disso, se o desfecho de cada operação for estatisticamente independente do de todas as outras, também será aleatória a distribuição entre ganhos e perdas em qualquer dada sucessão ou sequência de operações, ainda que as chances de sucesso em cada operação individual sejam favoráveis ao trader.

Terceiro, os donos de cassinos não tentam prever ou saber de antemão o desfecho de cada evento individual. Afora o fato de que essa previsão seria extremamente difícil, dadas todas as variáveis desconhecidas que atuam em cada jogo, não é necessário gerar resultados consistentes. Os operadores de cassino aprenderam que tudo o que eles têm a fazer é manter as chances a seu favor e ter uma amostra dos eventos bastante grande para que seus trunfos tenham vasta oportunidade de funcionar.

Trading no momento

Os traders que aprenderam a pensar em probabilidades abordam os mercados praticamente sob a mesma perspectiva. No nível micro,

O TRUNFO DO TRADER: PENSAMENTO PROBABILÍSTICO

eles acreditam que cada operação ou trunfo é singular. O que eles compreendem sobre a natureza da atividade de trading é que, em qualquer dado momento, o mercado pode parecer em um gráfico exatamente o mesmo que em algum momento anterior; e as mensurações geométricas e os cálculos matemáticos usados para determinar cada trunfo podem ser exatamente os mesmos entre trunfos sucessivos; mas a consistência real do mercado em si, de um momento para outro, nunca é a mesma.

Para que qualquer padrão particular seja exatamente o mesmo agora e em algum momento anterior, seria necessário que todos os traders que participaram do momento anterior estivessem de novo presentes no momento atual. Mais ainda, cada um deles teria de interagir uns com os outros exatamente da mesma maneira durante algum período de tempo para produzir o mesmo desfecho para qualquer padrão que esteja sendo observado. As chances de que isso aconteça são inexistentes.

É fundamental compreender esse fenômeno, porque as implicações psicológicas para as suas operações não poderiam ser mais importantes. Podemos usar todas as várias ferramentas para analisar o comportamento do mercado e para encontrar os padrões que representam os melhores trunfos, e, de uma perspectiva analítica, esses padrões podem parecer exatamente os mesmos sob todos os aspectos, dos pontos de vista matemático e visual. Se, porém, a consistência do grupo de traders que estão criando o padrão "agora" for diferente, até mesmo por parte de uma única pessoa do grupo que criou o padrão no passado, o desfecho do padrão de hoje pode ser diferente daquele do padrão no passado. (O exemplo do analista e do presidente ilustra esse ponto muito bem.) Basta um único trader, em qualquer lugar do mundo, com uma crença diferente sobre o futuro para mudar o desfecho de qualquer dado padrão de mercado e negar o trunfo decorrente do padrão.

A característica mais fundamental do comportamento do mercado é que cada situação do mercado no "momento presente" e cada trunfo no "momento presente" são sempre uma ocorrência única, com seu próprio desfecho, independente de todos os outros. Singularidade ou unicidade implica que tudo pode acontecer, seja o que sabemos

127

(esperamos ou antevemos), seja o que não sabemos (ou não podemos saber, a menos que tenhamos capacidades perceptivas extraordinárias). Um flow constante de variáveis conhecidas e desconhecidas cria um ambiente probabilístico em que por certo não sabemos o que acontecerá em seguida.

Essa última afirmação pode parecer bastante lógica, até notória e manifesta, mas há um enorme problema aqui, que pode ser qualquer coisa, menos lógico ou notório e manifesto. Estar consciente da incerteza e compreender a natureza das probabilidades não significa ter capacidade de realmente ser eficaz sob uma perspectiva probabilística. Pensar em probabilidades pode ser difícil de dominar, porque a mente humana não processa naturalmente as informações dessa maneira. Muito pelo contrário, nossa mente nos induz a perceber o que conhecemos, e o que conhecemos é parte do nosso passado, enquanto no mercado cada momento é inédito e sem igual, ainda que seja parecido com algo que ocorreu no passado.

Daí decorre que, a menos que treinemos a mente para perceber a singularidade de cada momento, esse ineditismo será filtrado automaticamente de nossa percepção. Perceberemos somente o que conhecemos, menos qualquer informação que seja bloqueada por nossos medos; tudo o mais permanecerá invisível. A conclusão é que pensar em probabilidades envolve algum grau de sofisticação, o que pode exigir de algumas pessoas considerável esforço para integrar essa abordagem em seu sistema mental como estratégia de pensamento funcional. Os traders, em sua maioria, não compreendem plenamente esse processo; em consequência, supõem equivocadamente que estão pensando em probabilidades, pois desenvolvem certo grau de compreensão dos conceitos.

Trabalhei com centenas de traders que, por equívoco, presumiram que pensavam em probabilidades. Aqui está um exemplo de um trader com quem trabalhei, que chamarei de Bob. Bob é um CTA que gerencia aproximadamente 50 milhões de dólares em investimentos. Ele trabalha no ramo há quase trinta anos. Compareceu a um de meus workshops porque nunca conseguiu mais de 12 a 18% de retorno anual nas contas que gerenciou. Embora seja um resultado adequado, Bob estava

O TRUNFO DO TRADER: PENSAMENTO PROBABILÍSTICO

extremamente insatisfeito porque para ele suas habilidades analíticas sugeriam que deveria alcançar retorno anual de 150 a 200%.

Eu diria que Bob era bem versado em probabilidades. Em outras palavras, ele compreendia os conceitos, mas, na prática, não apresentava bom desempenho na perspectiva de probabilidades. Pouco depois de participar do workshop, ele me procurou para pedir alguns conselhos. Eis o que anotei em minha agenda, logo depois de nossa conversa por telefone.

28/9/95 — Bob telefonou com um problema. Ele entrou numa operação com barriga de porco [*belly trade*] e colocou um stop no mercado. O mercado operou até cerca de um terço do percurso para o stop e então retrocedeu para o ponto de entrada, onde ele decidiu sair da posição. Quase imediatamente depois que ele saiu, as barrigas subiram quinhentos pontos na direção da posição dele, mas, evidentemente, ele estava fora do mercado. Ele não compreendeu o que estava acontecendo.

Primeiro, perguntei-lhe o que estava em risco. Ele não entendeu a pergunta. Supôs que tinha aceitado o risco porque colocou um stop. Respondi que o simples fato de ter colocado um stop não significava que realmente tinha aceitado o risco da operação. O risco envolve muitas situações: perder dinheiro, estar errado, não ser perfeito etc., dependendo da motivação para operar no mercado. Mostrei-lhe que as crenças de alguém são sempre reveladas pelas suas ações. Podemos supor que ele estava operando com base na crença de que, para ser um trader disciplinado, é preciso definir o risco e colocar um stop. Assim ele fez. Mas a pessoa pode colocar um stop e ao mesmo tempo não acreditar que o stop será acionado e que ele será ejetado ou que, de resto, a operação reverterá contra ele.

Pela maneira como ele descreveu a situação, pareceu-me que isso foi exatamente o que aconteceu nesse caso. Ao entrar na operação, ele não acreditava que seria ejetado pelo stop. Tampouco admitia que o mercado se voltaria contra ele. De fato, ele estava tão seguro a esse respeito que, quando o mercado retrocedeu para o ponto de entrada, ele saiu da posição como que para punir o mercado com uma atitude "vou te mostrar", ainda que por contrariá-lo com um único tick.

Depois que fiz essas observações, ele confirmou que essa foi exatamente a atitude dele ao sair da operação. Disse que tinha esperado por essa operação específica durante semanas e que, quando o mercado finalmente chegou àquele ponto, ele supôs que a reversão seria imediata. Como resposta, recomendei-lhe que olhasse para a experiência como uma simples lembrança de algo que ele precisava aprender. Um pré-requisito de pensar em probabilidades é aceitar o risco, porque, do contrário, você se recusará a encarar as possibilidades que ainda não aceitou, se e quando deparar com elas.

Treinar a mente para pensar em probabilidades significa aceitar plenamente todas as possibilidades (sem resistências ou conflitos internos) e sempre fazer alguma coisa para levar em conta as forças desconhecidas. Pensar dessa maneira é virtualmente impossível, a menos que você faça o trabalho mental necessário para "abrir mão" da necessidade de saber o que vai acontecer em seguida ou de estar certo em cada operação. Com efeito, o grau em que você acha que sabe, presume que sabe ou de alguma maneira precisa saber o que vai acontecer em seguida é igual ao grau em que você fracassará como trader.

Os traders que aprendem a pensar em probabilidades confiam em seu sucesso abrangente, porque se comprometem em executar todas as operações que se encaixam em sua definição de trunfo. Eles não tentam identificar e escolher os trunfos que consideram, presumem ou acreditam que vão funcionar e então atuar com base neles; tampouco evitam os trunfos que, por qualquer razão que imaginem, que presumam ou em que acreditem, não vão funcionar. Se agissem de uma dessas duas maneiras, eles estariam contradizendo sua crença de que a situação do momento "presente" é sempre única, criando uma distribuição aleatória entre ganhos e perdas, em dada sequência de trunfos. Eles aprenderam, quase sempre de maneira muito dolorosa, que não sabem de antemão quais trunfos vão funcionar ou não. Eles pararam de tentar antever os desfechos. Descobriram que, ao usar todos os trunfos, eles aumentam de maneira correspondente o tamanho da amostra de operações, o que, por sua vez, concede a qualquer trunfo a que recorram ampla oportunidade de atuar a seu favor, a exemplo dos cassinos.

Por outro lado, por que será que os traders malsucedidos são obcecados por análise de mercado? Eles anseiam pelo senso de certeza que

O TRUNFO DO TRADER: PENSAMENTO PROBABILÍSTICO

a análise de mercado parece lhes conferir. Embora poucos o admitam, a verdade é que o trader típico quer acertar em toda e qualquer operação. Ele tenta por todos os meios criar uma situação de certeza simplesmente impossível. A ironia é que, se aceitasse por completo o fato de que a certeza é impossível, ele alcançaria a situação de certeza que tanto almeja: ele estaria de todo seguro da inexistência de certeza.

Quando você chega ao estado de aceitação completa da incerteza de cada trunfo e da singularidade de cada momento, sua insatisfação com a atividade de trading chega ao fim. Além disso, você não mais estará suscetível a cometer todos os erros típicos em trading que reduzem o seu potencial de gerar lucro consistente e destrói o seu senso de autoconfiança. Por exemplo, não definir o risco antes de entrar numa operação é de longe o mais comum de todos os erros em trading, e deflagra todo o processo de operar sob uma perspectiva inadequada. À luz do fato de que qualquer coisa pode acontecer, não seria por acaso mais sensato definir de antemão a aparência, o som e a textura do mercado para lhe indicar que o seu trunfo está funcionando? Por que será, então, que o trader típico não decide agir assim ou de fato não age assim em todas as situações de mercado?

Já dei a resposta no último capítulo, mas ainda há algo a acrescentar e ainda existe certa lógica evasiva a considerar; a resposta, porém, é simples. O trader típico não predefine o risco de entrar numa operação porque ele não acredita que seja necessário. A única maneira de ele acreditar que "não é necessário" é acreditar que sabe o que vai acontecer em seguida. A razão de ele acreditar que sabe o que vai acontecer em seguida é não entrar em uma operação até se convencer de que ele está certo. No momento em que se convencer de que a operação será lucrativa, não mais será necessário definir o risco (porque simplesmente não haverá risco se ele estiver certo).

Os traders típicos praticam o exercício de se convencer de que estão certos antes de entrar numa operação, porque a alternativa (estar errado) é simplesmente inaceitável. Lembre-se de que nossa mente está configurada para fazer associações. Em consequência, estar errado em qualquer dada operação pode se associar a qualquer outra situação (ou a todas) na vida do trader em que ele estava errado. A implicação é que qualquer nova operação pode tocá-lo facilmente na dor acumulada de todas as vezes que esteve errado na vida. Considerando o enorme acervo de energia negativa não conciliada em torno do significado de estar errado, existente na maioria das pessoas, é fácil compreender por que toda e qualquer operação pode literalmente assumir a importância de uma situação de vida ou morte.

Assim, para o trader típico, determinar antecipadamente a aparência, o som e a textura do mercado, para lhe dizer que a operação não está funcionando, criaria um dilema irreconciliável. De um lado, ele quer desesperadamente ganhar, e a única maneira de ganhar é participar, mas ele só admite participar se estiver certo de que a operação será lucrativa.

Por outro lado, se ele definir o risco, ele deliberadamente estará juntando evidências que negariam alguma coisa de que ele já se convenceu. Ele estará contradizendo o processo de tomada de decisão que o convenceu de que a operação daria certo. Se ele se expusesse a informações conflitantes, isso por certo acarretaria algum grau de dúvida sobre a viabilidade da operação. Se ele se permite experimentar dúvidas, é muito improvável que ele participe. Se ele não executar a operação e ela vier a se revelar vencedora, ele sofrerá intensa agonia. Para algumas pessoas, nada é mais doloroso que a perda de uma oportunidade antevista mas desperdiçada por insegurança. Para o trader típico, a única maneira de escapar desse dilema psicológico é ignorar o risco e continuar convencido de que a operação é promissora.

Se alguma dessas situações lhe parecer familiar, considere que, ao se convencer de que está certo, você está dizendo a si mesmo: "Sei quem está no mercado e quem está em vias de entrar no mercado. Sei o que consideram que está alto e o que está baixo. Além disso, conheço a capacidade de cada indivíduo de agir com base nessas crenças (o grau de clareza ou a falta relativa de conflito interno), e com esse conhecimento sou capaz de determinar como as ações de cada um desses indivíduos afetará o movimento de preços em sua forma coletiva, daqui a um segundo, um minuto, uma hora, um dia ou daqui a uma semana, a partir de agora". Considerando o processo de se convencer de que você está certo, sob essa perspectiva, parece um pouco absurdo, não parece?

O TRUNFO DO TRADER: PENSAMENTO PROBABILÍSTICO

Para os traders que aprenderam a pensar em probabilidades, não há dilema. Predefinir o risco não é problema para esses traders, porque eles não operam sob uma perspectiva de certo ou errado. Eles aprenderam que trading não tem nada a ver com estar certo ou errado em qualquer operação específica. Em consequência, eles não percebem os riscos de trading da mesma maneira como o trader típico.

Alguns dos melhores traders (os que pensam em probabilidades) poderiam ter tanta energia negativa em torno do que significa estar errado quanto o trader típico. No entanto, enquanto definirem trading legitimamente como um jogo de probabilidades, suas respostas emocionais ao desfecho de qualquer operação específica serão equivalentes a como o trader típico se sentiria num lance de cara ou coroa, escolhendo cara e caindo coroa. Seria uma decisão errada, mas, para a maioria das pessoas, errar na previsão de cara ou coroa *não* toca na dor acumulada de todas as outras vezes na vida em que se equivocaram.

Por quê? A maioria das pessoas sabe que o desfecho de um lance de cara ou coroa é aleatório. Quem acredita que o desfecho é aleatório admite naturalmente um desfecho fortuito e incerto. Aleatoriedade implica pelo menos algum grau de incerteza. Logo, quando acreditamos em desfecho aleatório, aceitamos implicitamente que não sabemos qual será o desfecho. Ao reconhecermos de antemão que não sabemos como terminará um evento, a consequência dessa aceitação é manter nossas expectativas neutras e abertas.

Agora, estamos chegando ao próprio cerne do que machuca o trader típico. Qualquer expectativa sobre o comportamento do mercado que seja específica, bem definida ou rígida — em vez de ser neutra e aberta — é irrealista e possivelmente nociva. Defino expectativa irrealista como aquela que não corresponde às possibilidades disponíveis sob a perspectiva do mercado. Se cada momento do mercado é ímpar e tudo é possível, nesse caso, qualquer expectativa que não reflita essas características ilimitadas é irrealista.

Gerenciando expectativas

Os danos potenciais de expectativas irrealistas dependem de como elas afetam a maneira como percebemos as informações. As expectativas são representações mentais da provável aparência, sonoridade, paladar, aroma ou textura de alguma situação futura. As expectativas derivam do que sabemos. Isso faz sentido, porque não podemos esperar algo do que não temos conhecimento ou consciência. O que sabemos significa o que aprendemos a acreditar sobre as maneiras como o ambiente externo pode se expressar. O que acreditamos é nossa versão pessoal da verdade. Quando esperamos alguma coisa, estamos projetando no futuro o que acreditamos ser verdade. Estamos imaginando que o ambiente externo daqui a um minuto, uma hora, um dia, uma semana ou um mês será como o representamos em nossa mente.

Temos de ser cuidadosos sobre o que projetamos no futuro, porque nenhuma outra coisa tem o potencial de suscitar mais infelicidade e angústia do que expectativas frustradas. Quando as coisas acontecem exatamente como você esperava, como você se sente? A resposta é, em geral, "em estado de graça" (envolvendo sentimentos como felicidade, alegria, satisfação e bem-estar), a menos, é claro, que você estivesse esperando algo pavoroso que realmente vem a ocorrer. No sentido oposto, como você se sente quando suas expectativas não se realizam? A resposta universal é dor emocional. Todo mundo sente algum grau de raiva, ressentimento, desespero, arrependimento, decepção, insatisfação ou traição quando o ambiente não se manifesta exatamente como esperávamos (a menos, é óbvio, quando nos surpreendemos com alguma coisa muito melhor do que imaginávamos).

É aqui que enfrentamos problemas. Como nossas expectativas são produtos do que somos, quando concluímos ou acreditamos que sabemos alguma coisa, naturalmente esperamos estar certos. A essa altura, não estamos mais em um estado mental neutro ou aberto, e não é difícil compreender por quê. Se vamos nos sentir ótimos se o mercado fizer o que esperamos, ou nos sentir péssimos se não fizer, isso significa que não estamos exatamente neutros ou abertos. Muito pelo contrário, a força da crença por trás da expectativa nos levará a perceber as infor-

O TRUNFO DO TRADER: PENSAMENTO PROBABILÍSTICO

mações do mercado de maneira a confirmar o que esperamos (para não nos sentirmos mal).

Como eu já disse, nossa mente está configurada para nos ajudar a evitar a dor, tanto física quanto emocional. Esses mecanismos de evasão da dor existem nos níveis consciente e subconsciente. Por exemplo, se um objeto avança em direção à sua cabeça, você instintivamente se desvia. Esquivar-se não exige um processo decisório consciente. Por outro lado, se você vir o objeto com clareza e tiver tempo de considerar as alternativas, talvez você decida pegar o objeto, rebatê-lo com a mão ou esquivar-se dele. Esses são exemplos de como nos protegemos da dor física.

O ato de nos protegermos da dor emocional ou mental funciona da mesma maneira, só que agora estamos nos protegendo de informações. Por exemplo, o mercado emite informações sobre si mesmo e seu potencial de se movimentar em determinada direção. Se houver diferença entre o que queremos ou esperamos e o que o mercado nos está oferecendo ou disponibilizando, nossos mecanismos de bloqueio da dor entram em ação para compensar essa discrepância. Como no caso da dor física, esses mecanismos atuam nos níveis consciente e subconsciente.

Para nos proteger da informação dolorosa no nível consciente, racionalizamos, justificamos, damos desculpas, reunimos deliberadamente informações capazes de neutralizar a importância das informações conflitantes, zangamo-nos (para rechaçar as informações conflitantes) ou simplesmente mentimos para nós mesmos.

No nível subconsciente, o processo de bloqueio da dor é muito mais sutil e misterioso. Nesse nível, a mente bloqueia nossa capacidade de ver alternativas, mesmo que em outras circunstâncias fôssemos capazes de captá-las. Agora, como elas estão em conflito com o que queremos ou esperamos, nossos mecanismos de bloqueio da dor podem fazê-las desaparecer, como se não existissem. Para ilustrar esse fenômeno, o melhor exemplo é um que já apresentei. Estamos numa operação em que o mercado está se movimentando contra nós. Na verdade, o mercado estabeleceu uma tendência na direção oposta do que queremos ou esperamos. Em geral, não teríamos problema em identificar ou perceber o padrão, não fosse o fato de o mercado estar se movimentando contra a nossa posição. Mas o padrão perde a importância, ou fica invisível, porque o consideramos muito doloroso para ser reconhecido.

Para evitar a dor, estreitamos nosso foco de atenção e nos concentramos na informação que nos poupa da dor, por mais que seja insignificante ou irrelevante. Nesse meio-tempo, a informação que claramente indica a presença de uma tendência e a oportunidade de uma operação em certa direção torna-se invisível. A tendência não desaparece da realidade física, mas nossa capacidade de percebê-la fica inativa. Nossos mecanismos de bloqueio da dor inibem nossa capacidade de identificar e interpretar a tendência apontada pelo mercado.

A tendência, assim, se manterá invisível até que o mercado a reverta a nosso favor ou sejamos forçados a sair da operação porque a pressão de perder muito dinheiro se torna insuportável. Só quando saímos da operação ou nos afastamos do perigo é que a tendência fica evidente, assim como ficam óbvias todas as oportunidades de ganhar dinheiro, operando na direção da tendência. Esse é um exemplo perfeito de visão retrospectiva com o máximo de acuidade. Todas as distinções que do contrário seriam perceptíveis tornam-se perfeitamente claras depois do fato consumado, quando não há mais nada de que nossa mente deva nos proteger.

Todos temos o potencial de desenvolver mecanismos autoprotetores de bloqueio da dor, porque são funções naturais da maneira como atua a mente humana. Talvez surjam ocasiões em que precisamos nos proteger de informações capazes de nos infligir choques ou traumas que não temos condições de enfrentar, por estarmos despreparados, nem de manejar, por carecermos de habilidades e recursos. Nesses casos, nossos mecanismos naturais nos servem bem. Com mais frequência, porém, nossos recursos de bloqueio da dor apenas nos blindam contra informações de que nossas expectativas não correspondem à realidade sob a perspectiva do ambiente. Sob esse aspecto, nossos mecanismos de bloqueio da dor nos prestam um desserviço, especialmente como traders.

Para compreender esse conceito, pergunte a si mesmo em que exatamente as informações do mercado lhe parecem ameaçadoras. São elas perigosas porque o mercado efetivamente emite informações com carga

O TRUNFO DO TRADER: PENSAMENTO PROBABILÍSTICO

negativa, como característica inerente de sua própria natureza? Pode parecer desse jeito, mas, no nível mais fundamental, o que o mercado oferece à nossa percepção são ticks para cima ou para baixo ou barras para cima ou para baixo. Esses ticks e barras em aclive ou em declive formam padrões que representam trunfos. Agora, têm esses ticks ou barras, e padrões assim delineados, carga negativa? Novamente, essas figuras por certo podem assim lhe parecer, mas, sob a perspectiva do mercado, as informações são neutras. Cada tick para cima ou para baixo e cada padrão daí decorrente são apenas informações, indicando-nos a posição do mercado. Se qualquer uma dessas informações tiver carga negativa, como característica imanente de sua própria existência, não sentiriam dor emocional todos os traders a ela expostos?

Por exemplo, se você e eu fôssemos atingidos na cabeça por um objeto sólido, provavelmente não haveria muita diferença em nossas sensações. Ambos sofreríamos dor imediata e ficaríamos contundidos. Qualquer parte do corpo que sofresse o impacto de um objeto sólido com alguma intensidade levaria qualquer pessoa com um sistema nervoso normal a experimentar dor. Compartilhamos essa experiência de dor porque o corpo de todos os humanos é construído basicamente da mesma maneira. A dor física é uma resposta fisiológica automática ao impacto de um objeto contundente. As informações na forma de palavras e gestos emitidas pelo ambiente ou os ticks para cima ou para baixo produzidos pelo mercado podem ser tão dolorosos quanto o impacto de um objeto sólido; mas há uma diferença importante entre informações e objetos. As informações não são tangíveis. As informações não consistem em átomos e moléculas. Experimentar os efeitos potenciais das informações exige interpretação.

Nossas interpretações dependem de nossa estrutura mental única. A estrutura mental de cada indivíduo é singular por duas razões fundamentais. Primeiro, todos nós nascemos com características de comportamento e de personalidade diferentes, oriundas de códigos genéticos sem igual, que nos levam a ter necessidades individuais próprias que não se confundem com nenhuma outra. A positividade ou negatividade e a intensidade com que o ambiente responde a essas necessidades geram experiências únicas para cada indivíduo. Segundo, todos nos expomos a uma ampla variedade de forças ambientais. Algumas dessas forças são semelhantes para dois indivíduos, mas nunca são exatamente as mesmas.

Se você considerar o número de possíveis combinações de características de personalidade decorrentes de códigos genéticos inatos em relação à variedade quase infinita de forças ambientais com que deparamos ao longo da vida, todas elas contribuindo para a construção de nossa estrutura mental, é fácil compreender por que não há estrutura mental universal comum a todos. Ao contrário do corpo, que tem uma estrutura molecular comum que experimenta dor física, não existe mentalidade universal que possibilite de alguma maneira o compartilhamento dos mesmos efeitos positivos ou negativos das informações.

Por exemplo, alguém pode insultá-lo, com a intenção de lhe infligir dor emocional. Na perspectiva do ambiente, isso é informação com carga negativa. Enfrentará você os efeitos negativos almejados? Não necessariamente! Você só interpretará a informação como negativa se a experimentar como negativa. E se essa pessoa o estiver insultando numa língua que você não compreende, ou se estiver usando palavras cujo significado você desconhece? Sentirá você nesses casos a dor pretendida pelo agressor? Só se você construir uma estrutura para definir e compreender as palavras de maneira depreciativa ou ofensiva. Mesmo assim, não podemos supor que a sua percepção corresponderá à intenção do insulto. Você poderia ter uma estrutura para perceber a intenção negativa, mas, em vez de sentir dor, você talvez experimentasse um tipo de prazer pervertido. Conheci muitas pessoas que, simplesmente para se divertirem, gostam de ver outras pessoas irritadas, dominadas por emoções negativas. Se, por acaso, em represália, essas ofensoras também forem insultadas, elas ficarão alegres, pois saberão que foram bem-sucedidas.

Alguém que expresse amor genuíno está projetando no ambiente informações com carga positiva. Digamos que a intenção por trás da expressão desses sentimentos positivos seja transmitir afeição, ternura e amizade. Acaso haverá alguma certeza de que os destinatários dessas informações com carga positiva as interpretarão e as experimentarão com essas mesmas características? Não, de modo algum. Alguém com senso de autoestima muito baixo ou alguém que tenha experimentado

O TRUNFO DO TRADER: PENSAMENTO PROBABILÍSTICO

muitas agressões ou decepções em suas relações geralmente distorcerá essas manifestações de amor autêntico. Se o indivíduo que se subestima não acreditar que merece ser amado de alguma maneira, ele achará difícil, se não impossível, interpretar o que lhe está sendo oferecido como genuíno ou autêntico. Já a pessoa que sofreu muitas agressões ou decepções tenderá muito facilmente a supor que uma expressão sincera de amor é extremamente rara, ou até inexistente, e provavelmente interpretará a situação como uma tentativa de conseguir algo ou de explorá-la de alguma maneira.

Por certo não precisarei me estender muito, citando sucessivos exemplos de todas as maneiras possíveis de interpretar erroneamente o que alguém está tentando nos transmitir ou de como o que expressamos a alguém pode ser distorcido e percebido de modo que nada tem a ver com a nossa intenção. O aspecto que estou salientando é que cada indivíduo perceberá, interpretará e, portanto, experimentará à sua própria maneira singular qualquer informação que esteja recebendo. Não há um modo único de interpretar o que estamos captando no ambiente, seja a informação positiva, neutra ou negativa — simplesmente porque não há estrutura mental padronizada com a qual percebemos a informação.

Considere que, como traders, o mercado nos ofereça alguma coisa a ser percebida a cada momento. Num sentido, você poderia dizer que o mercado está se comunicando conosco. Se partirmos da premissa de que o mercado, pela própria natureza, não gera informações com carga negativa, podemos então fazer a seguinte pergunta (e respondê-la): "O que leva a informação a assumir uma qualidade negativa?"; em outras palavras, de onde vem exatamente a ameaça de dor?

Se não é oriunda do mercado, ela deve ser produto da maneira como percebemos e interpretamos as informações disponíveis. Perceber e interpretar informações é função do que supomos que conhecemos ou do que acreditamos ser verdade. Se o que conhecemos ou em que acreditamos é de fato verdadeiro — e se acreditamos é porque supomos que seja —, nesse caso, quando projetamos nossas crenças em algum momento no futuro, como uma expectativa, naturalmente esperamos que ela esteja certa.

Quando esperamos estar certos, qualquer informação que não confirme a nossa versão da verdade automaticamente se torna ameaçadora.

139

Qualquer informação com o potencial de ser ameaçadora também é passível de ser bloqueada, distorcida ou menosprezada por nossos mecanismos de bloqueio da dor. É essa característica específica da maneira como a nossa mente funciona que realmente nos presta um desserviço. Como traders, não podemos nos dar ao luxo de permitir que nossos mecanismos de bloqueio da dor nos isolem do que o mercado nos esteja transmitindo sobre o que está disponível, na forma de uma próxima oportunidade de entrar, sair, ampliar ou limitar uma posição, só porque ele está fazendo alguma coisa que não queremos ou não esperamos.

Por exemplo, quando você está observando um mercado em que você raramente ou nunca opera, sem intenção de fazer alguma coisa, porventura alguns dos ticks para cima ou para baixo o levam a se sentir aborrecido, desapontado, frustrado, desiludido ou traído de alguma maneira? Não! A razão é que não há nada em jogo. Você simplesmente está captando informações que lhe mostram a situação do mercado no momento. Se os ticks para cima ou para baixo que você está vendo formam algum tipo de padrão de comportamento que você aprendeu a identificar, acaso você não identifica e reconhece de imediato o padrão? Sim. Pela mesma razão: não há nada em jogo.

Não há nada em jogo porque não há expectativa. Você não projetou nada em que acredita, que admite ou que supõe saber em algum momento futuro. Por conseguinte, não há nada sobre o que estar certo ou errado, e por isso a informação não tem potencial para assumir uma qualidade ameaçadora ou negativa. Sem expectativas específicas, você não estabeleceu limites sobre como o mercado pode se expressar. Sem quaisquer fronteiras mentais, você se predisporá a perceber qualquer coisa, você aprendeu sobre a natureza das maneiras como o mercado se movimenta. Não há nada a ser excluído, distorcido ou menosprezado em seu consciente por seus mecanismos de bloqueio da dor no intuito de protegê-lo.

Em meus workshops, sempre peço aos participantes para resolver o seguinte paradoxo básico de trading: de que maneira deve um trader aprender a ser rígido e flexível ao mesmo tempo? A resposta é: temos de ser rígidos em nossas regras e flexíveis em nossas expectativas. Precisamos ser rígidos em nossas regras para desenvolver o senso de au-

O TRUNFO DO TRADER: PENSAMENTO PROBABILÍSTICO

toconfiança capaz de nos proteger e que sempre nos protegerá em um ambiente que tem poucas fronteiras ou que não tem nenhuma. Precisamos ser flexíveis em nossas expectativas para percebermos, com o maior grau de clareza e objetividade, o que o mercado nos está comunicando sob a perspectiva dele. A essa altura, é provável não ser necessário dizer que o trader típico faz exatamente o oposto: é flexível nas regras e rígido nas expectativas. O curioso é que quanto mais rígidas forem as expectativas mais ele terá de flexibilizar, transgredir ou romper suas regras para acomodar sua indisposição a abrir mão do que quer, a favor do que o mercado está oferecendo.

Eliminando o risco emocional

Para eliminar o risco emocional em trading, é preciso neutralizar suas expectativas sobre o que o mercado fará e não fará em qualquer dado momento ou em qualquer dada situação. É possível fazer isso predispondo-se a pensar sob a perspectiva do mercado. Lembre-se: o mercado sempre se manifesta em probabilidades. No nível coletivo, seu trunfo pode parecer perfeito sob todos os aspectos; mas, no nível individual, todo trader que tem o potencial de agir como uma força no movimento de preços pode negar o desfecho positivo desse trunfo.

Para pensar em probabilidades, é preciso criar uma estrutura mental ou uma mentalidade que seja compatível com os princípios básicos de um ambiente probabilístico. Uma mentalidade probabilística na prática de trading consiste em cinco verdades fundamentais.

1. Qualquer coisa pode acontecer.
2. Você não precisa saber o que vai acontecer em seguida para ganhar dinheiro.
3. A distribuição entre ganhos e perdas para um dado conjunto de variáveis que defina um trunfo é aleatória.
4. Um trunfo nada mais é que uma indicação de probabilidade mais alta de que uma coisa aconteça em relação a outra.
5. Todo momento no mercado é único.

O TRADER VENCEDOR

Lembre-se de que sua propensão a experimentar dor emocional decorre da maneira como você define e interpreta as informações a que está exposto. Quando você reconhece essas cinco verdades, suas expectativas sempre estarão alinhadas com as realidades psicológicas do ambiente de mercado. Com as expectativas adequadas, você eliminará a tendência de identificar e interpretar as informações do mercado como dolorosas ou ameaçadoras, e, portanto, você efetivamente neutralizará o risco emocional da atividade de trading.

A ideia é desenvolver um estado mental despreocupado que aceite completamente o fato de que sempre há forças desconhecidas operando no mercado. Quando você torna essas verdades parte plenamente funcional do seu sistema de crenças, a área racional da sua mente defenderá essas verdades da mesma maneira como defende qualquer outra de suas crenças sobre a natureza da atividade de trading. Isso significa que, pelo menos no nível racional, sua mente se defenderá automaticamente da ideia ou pressuposto de que você pode saber ao certo o que acontecerá em seguida. É uma contradição acreditar que cada operação de mercado é um evento único com um desfecho incerto e aleatório em relação a qualquer outra operação de mercado realizada no passado e ao mesmo tempo acreditar que você sabe com segurança o que acontecerá em seguida, e ainda por cima esperar que você esteja certo.

Se você realmente acreditar em desfecho incerto, também terá de esperar que praticamente qualquer coisa aconteça. Do contrário, ao permitir que a sua mente se apegue à ideia de que *sabe*, você deixará de levar em conta todas as variáveis desconhecidas. Sua mente não admitirá as duas situações. Se você acreditar que sabe alguma coisa, o momento já não será único. Se o momento não for único, então tudo é conhecido ou conhecível; isto é, não há nada por ser conhecido. Contudo, ao desconsiderar o que não sabe ou não pode saber sobre a situação, em vez de se predispor a perceber o que o mercado *está* oferecendo, você ficará suscetível a todos os erros típicos em trading.

Por exemplo, se realmente acreditasse em desfecho incerto, porventura você consideraria entrar numa posição sem definir previamente o seu risco? Admitiria alguma vez cortar uma perda se de fato reconhecesse que não sabia? E quanto a erros de trading, como a precipitação?

142

O TRUNFO DO TRADER: PENSAMENTO PROBABILÍSTICO

Como você se anteciparia a um indício que ainda não se manifestou no mercado, caso não estivesse convencido de que perderia a oportunidade?

Por que você permitiria que uma operação vencedora se convertesse em perdedora ou não adotaria um método sistemático de realizar o lucro se não estivesse convencido de que o mercado seguiria favorecendo-o indefinidamente? Por que hesitaria em entrar numa operação ou simplesmente se recusaria a executá-la se não estivesse seguro de que ela seria perdedora, quando o mercado estava no ponto de entrada original? Por que ignoraria as suas regras de gestão do dinheiro, montando uma operação grande demais em relação ao seu patrimônio ou à sua tolerância emocional para suportar perdas, não estivesse você convicto de que sairia vencedor?

Por fim, se você realmente acreditasse numa distribuição aleatória entre ganhos e perdas, poderia alguma vez se sentir traído pelo mercado? Se numa sequência de cara ou coroa você acertasse uma vez, você não esperaria acertar no lance seguinte só porque acertou no anterior. Tampouco esperaria errar num lance apenas porque errou no precedente. Como você acredita em distribuição aleatória numa sequência de cara ou coroa, suas expectativas seriam perfeitamente alinhadas com a realidade da situação. Você sem dúvida gostaria de acertar, e se acertasse seria ótimo, mas, se errasse, você não se sentiria traído pela moeda, porque você sabe e aceita que variáveis desconhecidas afetam o desfecho. "Desconhecidas" significa "algo que o seu processo de pensamento racional não pode considerar antes do lançamento da moeda", exceto admitir plenamente que você não sabe. Por conseguinte, é pouco provável, se não impossível, experimentar o tipo de dor emocional que se manifesta quando você se sente traído.

Como trader, ao esperar um desfecho aleatório, você sempre ficará um pouco surpreso com o que o mercado fizer — mesmo que ele se conforme exatamente com a sua definição de trunfo e você acabe tendo uma operação vencedora. No entanto, esperar um desfecho aleatório não significa que você não possa usar todo o seu raciocínio e suas habilidades analíticas para projetar um desfecho, ou que você não possa conjecturar o que vai acontecer em seguida, ou ter uma intuição ou palpite sobre o desenlace, porque você pode. Ademais, se tudo é possível,

143

O TRADER VENCEDOR

você pode estar certo em cada caso. Você só não pode é *esperar* estar certo. E, se você acertar, tampouco pode você supor que, não importa qual tenha sido o acerto na última vez, ele volte a funcionar na próxima vez, mesmo que a situação pareça exatamente igual.

Tudo o que você perceber "agora" no mercado nunca será idêntico a alguma experiência anterior arquivada em seu ambiente mental. Isso, porém, não significa que sua mente, por sua própria natureza, não tentará associar as duas situações. Haverá semelhanças entre o "momento presente" e algo que você conhece do passado, mas essas semelhanças somente lhe fornecem alguma coisa com que trabalhar, posicionando as chances de sucesso a seu favor. Se você estiver abordando trading sob uma perspectiva de não saber o que ocorrerá em seguida, você se esquivará da inclinação natural da mente de tornar o "momento presente" idêntico a alguma experiência anterior. Por mais que pareça pouco natural, você não pode deixar que alguma experiência passada (negativa ou extremamente positiva) imponha o seu estado mental. Se você o fizer, será muito difícil, se não impossível, perceber o que o mercado está sugerindo sob a perspectiva dele.

Quando monto uma operação, tudo o que espero é que aconteça alguma coisa. Não importa até que ponto considero bom o meu trunfo, só espero que o mercado se movimente ou se expresse de alguma maneira. Todavia, há certas coisas que sei ao certo. Sei que, com base no comportamento passado do mercado, as chances de que ele se movimente na direção da minha operação são boas ou aceitáveis, pelo menos em relação a quanto estou disposto a gastar para confirmar a minha conjectura.

Antes de entrar numa operação, também sei quanto estou disposto a deixar que o mercado se movimente contra a minha posição. Sempre há um ponto em que as chances de sucesso se reduzem muito em relação ao potencial de lucro. Nesse ponto, não vale a pena gastar mais dinheiro para descobrir se a operação vai funcionar. Se o mercado chegar a esse ponto, sei — sem sombra de dúvida, sem qualquer hesitação e sem o mínimo conflito interno — que sairei da posição. A perda não provoca nenhum dano emocional, porque não interpreto a experiência negativamente. Para mim, as perdas são simplesmente o custo de fazer

144

negócio ou a quantia que preciso gastar para me beneficiar de operações de mercado vencedoras. Se, por outro lado, a operação vier a ser vencedora, sei por certo, na maioria dos casos, em que ponto realizarei o lucro. (Se eu não tiver certeza, ao menos terei uma boa ideia.)

Os melhores traders estão no "momento presente" porque não há estresse. Não há estresse porque não há nada em risco, além da quantia que eles se dispuserem a gastar na operação. Eles não estão tentando acertar nem evitar erros; tampouco estão querendo provar alguma coisa. Quando o mercado lhes diz que seus trunfos não estão funcionando ou que é hora de realizar o lucro, a mente deles não faz nada para bloquear essa informação. Eles aceitam completamente o que o mercado lhes está oferecendo e ficam à espera do próximo trunfo.

8.
Trabalhando com suas crenças

AGORA, A TAREFA DIANTE DE VOCÊ É INTEGRAR adequadamente, no seu ambiente mental, em nível funcional, as cinco verdades fundamentais apresentadas no capítulo 7. Para ajudá-lo a fazer isso, olharemos em profundidade as crenças — sua natureza, suas propriedades e características. Contudo, antes disso, analisaremos e organizaremos os principais conceitos apresentados até aqui, num arcabouço muito mais prático e mais claro. O que você aprenderá neste e nos próximos capítulos construirá os fundamentos para a compreensão de tudo o que você precisa fazer para alcançar os seus objetivos como trader.

Definindo o problema

No nível mais fundamental, o mercado é simplesmente uma série de ticks para cima e para baixo que formam um padrão. A análise técnica define esses padrões como trunfos. Qualquer padrão específico definido como trunfo é simplesmente uma indicação de haver maior probabilidade de que o mercado se movimente numa direção em comparação com outras direções. Aqui, porém, ocorre um importante para-

TRABALHANDO COM SUAS CRENÇAS

doxo mental, porque um padrão implica consistência, ou, pelo menos, um desfecho consistente. Mas a realidade é que cada padrão é uma ocorrência única. Eles podem parecer exatamente os mesmos de uma ocorrência para a seguinte, mas as semelhanças são apenas superficiais. Subjacentes a cada padrão estão os traders como força básica, e os traders que contribuem para a formação de um padrão são sempre diferentes dos traders que contribuem para a formação do padrão seguinte; assim, o desfecho de cada padrão é aleatório em relação ao de todos os outros padrões entre si. Nossa mente, por sua própria natureza, tem uma característica de design imanente — o mecanismo de associação — que torna difícil lidar com esse paradoxo.

Agora, esses trunfos, ou os padrões que eles representam, estão em flow constante em todos os períodos de tempo, tornando o mercado uma corrente infindável de oportunidades para entrar, sair, realizar lucro, cortar perda, aumentar ou reduzir uma posição. Em outras palavras, na perspectiva do mercado, cada momento apresenta a cada trader oportunidades de fazer alguma coisa em seu próprio nome e para seu próprio benefício.

O que nos impede de perceber cada "momento presente" como oportunidade para fazer alguma coisa para nós mesmos ou de agir de maneira apropriada quando fazemos alguma coisa? Nossos medos! Qual é a fonte de nossos medos? Sabemos que não é o mercado, porque, na perspectiva do mercado, os ticks para cima e para baixo e os padrões deles resultantes não são nem positivos nem negativos. Em consequência, os próprios ticks para cima e para baixo não são capazes de nos levar a entrar em determinado estado mental (negativo ou positivo), a perder a objetividade, a cometer erros ou a sair do flow de oportunidades.

Se não é o mercado que nos leva a experimentar um estado mental negativo, qual seria então a sua causa? A maneira como definimos e interpretamos as informações que percebemos. Assim, o que determinaria, então, aquilo que percebemos e a maneira como definimos e interpretamos essas informações? As coisas em que acreditamos e supomos serem verdades. Nossas crenças, atuando em conjunto com nossas associações e nossos mecanismos de bloqueio da dor, funcionam como forças sobre nossos cinco sentidos, induzindo-nos a perceber,

147

definir e interpretar as informações do mercado de maneira consistente com o que esperamos. O que esperamos corresponde ao que acreditamos ou presumimos ser verdade. Expectativas são crenças projetadas em algum momento no futuro.

Cada momento, na perspectiva do mercado, é único; se, porém, as informações geradas pelo mercado forem semelhantes em qualidade, propriedades ou características a algo já existente em nossa mente, os dois conjuntos de informações (externas e internas) se conectam automaticamente. Ao se estabelecer, essa conexão dispara um estado mental (confiança, euforia, medo, terror, decepção, arrependimento, traição etc.) que corresponde a qualquer crença, suposição ou lembrança que se associe à informação externa. Isso faz *parecer* que as informações externas são idênticas às informações internas.

É o nosso estado mental que faz parecer verdade inquestionável e incontestável qualquer coisa que estejamos percebendo no ambiente externo (no mercado). Nosso estado mental é sempre uma verdade absoluta. Eu me sinto confiante; logo, estou confiante. Eu me sinto com medo; logo, estou com medo. Não podemos questionar a qualidade da energia que flui em nossa mente e em nosso corpo em dado momento. E, como *conheço* como fato inegável a maneira como me sinto, é possível afirmar que também conheço a verdade do que estou percebendo em meu ambiente externo no mesmo momento. O problema é que a maneira como me sinto é sempre uma verdade absoluta, mas as crenças que desencadearam nosso estado mental ou sentimental podem ser ou não ser verdadeiras em relação às possibilidades existentes no mercado em dado momento.

Lembre-se, por exemplo, do garoto e do cachorro. O garoto "conhecia" como fato absoluto, depois de ser ameaçado por um cachorro, que todos os cachorros com que deparava também eram ameaçadores, depois que aquela primeira experiência entrou em seu consciente. Os outros cachorros em si não lhe provocavam medo; sua memória negativa, trabalhando em conjunto com as suas associações e com os seus mecanismos de bloqueio da dor, é que lhe despertava medo. Ele experimentava sua própria versão da verdade, que não correspondia às possibilidades reais no ambiente externo. Sua crença sobre a natureza dos cachorros era limitada em relação às possíveis características e peculiaridades expressadas pelos cachorros. Todavia, o estado mental que ele experimentava toda vez que encontrava um cachorro levava-o a acreditar que ele "sabia" exatamente o que esperar desses cachorros.

Esse mesmo processo nos leva a acreditar que "sabemos" exatamente o que esperar do mercado, quando a realidade é que sempre há forças desconhecidas operando a cada momento. O problema é que, tão logo supomos "saber" o que esperar, imediatamente deixamos de levar em conta todas as forças desconhecidas e as várias possibilidades geradas por esses desconhecimentos. Essas forças desconhecidas são os outros traders à espera de entrar e sair das operações, com base em suas crenças sobre o futuro. Em outras palavras, de fato não podemos saber com exatidão o que esperar do mercado, até sermos capazes de ler a mente de todos os traders que têm o potencial de atuar como forças sobre o movimento dos preços. Possibilidade não muito provável.

Como traders, não temos condições de ser condescendentes conosco quanto a qualquer pretensão do tipo "Sei o que esperar do mercado". Podemos "conhecer" exatamente os aspectos perceptíveis de um trunfo, e também podemos "saber" exatamente quanto precisamos arriscar para descobrir se esse trunfo vai funcionar. Podemos saber que temos um plano específico de como realizar o lucro se a operação for eficaz. *Mas isso é tudo!* Se o que achamos que sabemos começar a se expandir para o que o mercado vai fazer, temos um problema. Para entrarmos num estado mental negativo — "Sei o que esperar do mercado" —, basta que uma crença, uma lembrança ou uma atitude nos leve a interpretar os ticks para cima e para baixo ou quaisquer informações do mercado como uma oportunidade para agir em nosso próprio benefício.

Definindo os termos

Quais são os objetivos?
Em última análise, ganhar dinheiro é evidentemente o objetivo de todo mundo. Se, porém, trading fosse apenas uma questão de ganhar dinhei-

ro, ler este livro não seria necessário. Montar uma operação vencedora ou até uma série de operações vencedoras não exige absolutamente nenhuma habilidade. Por outro lado, gerar resultados consistentes e ser capaz de manter o que criamos realmente exige habilidades. Ganhar dinheiro consistentemente é subproduto do desenvolvimento e domínio de certas habilidades mentais. O grau em que você compreende esse requisito é o mesmo grau em que você deixará de focar no dinheiro e passará a focar, em vez disso, em como praticar as suas atividades de trading como ferramentas para dominar essas habilidades.

Quais são as habilidades?

Consistência é o resultado de um estado mental objetivo e despreocupado em que nos predispomos a perceber e a operar, não importa o que o mercado nos esteja oferecendo (sob sua perspectiva) em qualquer dado "momento presente".

O que é um estado mental despreocupado?

Despreocupado significa confiante, mas não eufórico. Num estado mental despreocupado, você não sente medo, hesitação ou compulsão quanto a qualquer coisa, porque você de fato eliminou a propensão a detectar e a interpretar as informações do mercado como ameaçadoras. Para eliminar o senso de ameaça, é necessário aceitar plenamente o risco. Tendo aceitado o risco, você ficará em paz com qualquer desfecho. Para se sentir em paz com qualquer desfecho, você precisa conciliar qualquer coisa em seu ambiente mental que esteja em conflito com as cinco verdades fundamentais sobre o mercado. Além disso, você precisa integrar essas verdades em seu sistema mental como crenças fundamentais.

O que é objetividade?

Objetividade é um estado mental em que você tem acesso consciente a tudo o que aprendeu sobre a natureza dos movimentos do mercado. Em outras palavras, nada está sendo bloqueado ou alterado por seus mecanismos de bloqueio da dor.

O que significa "tornar-se disponível"?

Tornar-se disponível significa operar sob uma perspectiva em que você não tem nada a provar. Você não está tentando ganhar nem está evitando perdas. Você não está procurando recuperar o seu dinheiro nem querendo se vingar do mercado. Em outras palavras, você não chega ao mercado com uma agenda, a não ser o propósito de deixar que ele se movimente como quiser, enquanto você se mantém no estado mental mais propício para reconhecer e aproveitar as oportunidades que ele lhe oferecer.

O que é "momento presente"?

Operar no "momento presente" significa que não há o potencial de associar oportunidades para entrar ou sair do mercado ou para ampliar ou reduzir uma operação a experiências passadas que já estejam registradas em seu ambiente mental.

Como as verdades fundamentais se relacionam com as habilidades

1. Tudo pode acontecer. Por quê? Porque, como a qualquer momento sempre há forças desconhecidas operando em todos os mercados, basta um único trader em algum lugar do mundo para comprometer o desfecho do seu trunfo. Isso é tudo: apenas um trader solitário. Não importa quanto tempo, esforço ou dinheiro você tenha investido em sua análise; sob a perspectiva do mercado, não há exceções a essa verdade. Quaisquer exceções que acaso existam em sua mente serão fontes de conflito e podem levá-lo a perceber as informações do mercado como ameaçadoras.

2. Você não precisa saber o que vai acontecer em seguida para ganhar dinheiro. Por quê? Porque a distribuição entre ganhos e perdas em qualquer conjunto de variáveis que definem um trunfo é aleatória. (Ver número 3.) Em outras palavras, com base no desempenho passado do seu trunfo, você pode saber que, das próximas vinte operações, doze serão vencedoras e oito serão perdedoras. O que você não conhece é a sequência de ganhos e perdas ou quanto o mercado lhe pagará nas operações vencedoras. Essa verdade equipara as operações de mercado a um jogo de probabilidades ou números. Quando você realmente acreditar que trading é simplesmente um jogo de probabilidades, conceitos como certo e errado ou ganhos e perdas não mais terão o mesmo significado. Em consequência, suas expectativas se harmonizarão com as possibilidades.

Lembre-se de que nada é mais capaz de provocar desarmonia emocional que expectativas não realizadas. Dor emocional é a resposta universal quando o mundo exterior se expressa de maneira que não reflete o que esperamos ou acreditamos ser verdadeiro. Em consequência, qualquer informação do mercado que não confirme nossas expectativas é automaticamente identificada e interpretada como ameaçadora. Essa interpretação nos leva a adotar um estado mental defensivo negativo, em que acabamos gerando a própria experiência que estamos tentando evitar.

As informações do mercado só são ameaçadoras se estivermos esperando que o mercado faça alguma coisa que nos favoreça. Do contrário, se não esperarmos que o mercado confirme que estamos certos, não há razão para recear que estejamos errados. Se não esperarmos que o mercado nos torne vencedores, não há razão para ter medo de perder. Se não esperarmos que o mercado prossiga em nossa direção indefinidamente, não há motivo para deixar dinheiro na mesa. Por fim, se não nos consideramos capazes de aproveitar todas as oportunidades só porque as percebemos quando elas se apresentaram, não temos motivos para recear a perda de oportunidades.

Por outro lado, se acreditarmos que tudo o que precisamos saber é:

a. que as chances são favoráveis antes de entrarmos numa operação;
b. quanto custará descobrir se a operação vai funcionar;
c. que não é preciso saber o que acontecerá em seguida para ganhar dinheiro com a operação; e
d. que tudo pode acontecer;

como poderá o mercado nos induzir ao erro? Que informações poderia o mercado gerar que levasse os nossos mecanismos de bloqueio da dor

TRABALHANDO COM SUAS CRENÇAS

a entrar em ação, de modo a excluir essa informação de nosso consciente? Nada que eu possa imaginar. Se acreditarmos que qualquer coisa pode acontecer e que não precisamos saber o que vai acontecer em seguida para ganhar dinheiro, então sempre estaremos certos. Nossas expectativas sempre estarão em harmonia com as condições existentes na perspectiva do mercado, efetivamente neutralizando nosso potencial de experimentar dor emocional.

Pela mesma razão, como pode uma operação perdedora ou até uma série de perdas exercer o efeito negativo típico, se realmente acreditarmos que trading é um jogo de probabilidades ou números? Se o trunfo nos favorecer, todas as perdas nos deixarão muito mais perto de um ganho. Quando realmente acreditarmos nisso, nossa resposta a uma operação perdedora não mais assumirá uma qualidade emocional negativa.

3. A distribuição entre ganhos e perdas em qualquer conjunto de variáveis que definem um trunfo é aleatória. Se todas as perdas o deixarem mais perto de um ganho, você esperará ansiosamente pela próxima ocorrência do seu trunfo, pronto para entrar em ação, sem nenhuma reserva ou hesitação. Por outro lado, se você ainda acreditar que trading é analisar o mercado e montar a operação certa, nesse caso, depois de uma perda, você anteverá a ocorrência do seu próximo trunfo com apreensão, em dúvida sobre se ele funcionará. Isso, por sua vez, o levará a começar a reunir evidências favoráveis ou contrárias à operação. Você juntará evidências favoráveis se o seu medo de perder a oportunidade for maior do que o medo de perder dinheiro. E você reunirá evidências contra a operação se o seu medo de perder dinheiro for maior do que o medo de perder a oportunidade. Em ambas as situações, você não estará no estado mental mais propício a produzir resultados consistentes.

4. Um trunfo nada mais é que uma indicação de uma probabilidade de que uma coisa ocorra em vez de outra. Criar consistência exige que se aceite completamente que trading nada tem a ver com expectativas, conjecturas ou coleta de evidências, não importa como, para antever se a próxima operação será bem-sucedida. A única evidência a ser considerada é se as variáveis usadas para definir um trunfo estão presentes em dado momento. Quando você usa "outras" informações, fora dos parâmetros do seu trunfo, para decidir se a operação é promissora, você está adicionando variáveis aleatórias ao seu regime de trading. O acréscimo de variáveis aleatórias torna extremamente difícil, se não impossível, determinar o que funciona e o que não funciona. Se você não estiver convencido da viabilidade do seu trunfo, você não se sentirá confiante. Não importa o grau de desconfiança, você sentirá medo. A ironia é que você receará os resultados inconsistentes e aleatórios, sem se dar conta de que a sua abordagem inconsistente e aleatória é que está criando exatamente aquilo que você receia.

Por outro lado, se você acreditar que um trunfo é a maior probabilidade de que ocorra isto ou aquilo e que a distribuição entre ganhos e perdas é aleatória para qualquer conjunto de variáveis que definem um trunfo, por que você reuniria "outras" evidências favoráveis ou contrárias a uma operação? Para um trader que opera com base nessas duas crenças, reunir "outras" evidências não faria sentido. Ou, em outros termos, reunir outras evidências faz mais ou menos tanto sentido quanto tentar determinar se o próximo lance de cara ou coroa dará isto ou aquilo. Quaisquer que sejam as evidências de que dará cara, há ainda 50% de chances de que dê coroa. Pela mesma razão, independentemente de quantas evidências você reúna para entrar ou não entrar numa operação, basta ainda a atuação de um único trader, em qualquer lugar do mundo, para destruir a validade de qualquer das suas evidências, se não de todas. A questão é *por que se incomodar?!* Se o mercado lhe está oferecendo um trunfo legítimo, avalie o risco e faça a operação.

5. Cada momento no mercado é único. Pare um instante e reflita sobre o conceito de singularidade. "Único" ou "singular" significa diferente de tudo o mais que existe ou já existiu. Por mais que compreendamos o conceito de singularidade, a mente humana não lida muito bem com essa ideia no nível prático. Como já analisamos, nossa mente foi configurada para associar automaticamente (sem conhecimento consciente) qualquer coisa no ambiente externo que seja semelhante a qualquer coisa já existente em nossa mente, na forma de recorda-

TRABALHANDO COM SUAS CRENÇAS

ção, crença ou atitude. Disso resulta uma contradição imanente entre a maneira como naturalmente vemos o mundo e como ele é. Jamais dois momentos no ambiente externo algum dia serão idênticos. Para tanto, os átomos ou todas as moléculas teriam de estar exatamente na mesma posição em que estavam em algum momento anterior. Possibilidade não muito provável. No entanto, com base na maneira como nossa mente foi desenhada para processar informações, experimentaremos o "momento presente" no ambiente externo como sendo exatamente igual ao momento anterior, tal como ele foi registrado em nossa mente.

Se cada momento não é como nenhum outro, não há nada no nível de sua experiência racional capaz de garantir que você "sabe" o que acontecerá em seguida. Portanto, repetirei, por que se incomodar tentando saber?! Ao tentar saber, você, em essência, está tentando acertar. Não estou sugerindo aqui que você não pode prever o que o mercado fará em seguida e acertar, porque sem dúvida existe essa possibilidade. É nessa tentativa, porém, que você depara com todos os problemas. Se você acreditar que previu corretamente o comportamento do mercado uma vez, você por certo tentará acertar de novo. Em consequência, sua mente automaticamente começará a escrutinar o mercado em busca do mesmo padrão, circunstância ou situação que existiam na última vez que você corretamente anteviu o movimento do mercado. Ao encontrar alguma coisa que lembre o padrão anterior, o seu estado mental a fará parecer exatamente igual à conjuntura anterior. O problema é que, na perspectiva do mercado, as coisas não são as mesmas. Em consequência, você está se preparando para uma decepção.

O que distingue os melhores traders dos demais é que os melhores treinaram a mente para acreditar na singularidade de cada momento (embora esse treinamento costume tomar a forma de sucessivas perdas de dinheiro, antes de "realmente" acreditarem no conceito de singularidade). Essa crença atua como contrapartida, neutralizando o mecanismo de associação automática. Quando se acredita mesmo que cada momento é único, então, por definição, não há nada na mente a que associar a nova conjuntura. Essa crença age como uma força interna que o leva a dissociar o "momento presente" no mercado de qualquer momento anterior. Quanto mais você acreditar na singularidade de cada momento, menor será a sua propensão a fazer associações e maior será a sua abertura mental para perceber o que o mercado lhe está oferecendo na perspectiva dele.

Movendo-se para o flow

Quando você aceitar completamente as realidades psicológicas do mercado, você também aceitará os riscos da atividade de trading. Quando você aceitar os riscos da atividade de trading, você eliminará a propensão a definir as informações do mercado de maneira dolorosa. Quando você não mais identificar e interpretar as informações do mercado de maneira dolorosa, não haverá mais nada a ser evitado pela mente, nada de que a mente tenha de se proteger. Quando não houver nada de que se proteger, você terá acesso a tudo o que sabe sobre a natureza dos movimentos do mercado. Nada será bloqueado, o que significa que você perceberá todas as possibilidades sobre as quais aprendeu (objetivamente) e, como a sua mente estará aberta para uma verdadeira troca de energia, com muita naturalidade você começará a descobrir outras possibilidades (trunfos) que antes não percebia.

Para que a sua mente se abra para uma verdadeira troca de energia, você não pode estar num estado de conhecer ou acreditar que já sabe o que acontecerá em seguida. Quando você se reconcilia com a realidade de não conhecer o que acontecerá em seguida, você poderá interagir com o mercado sob uma perspectiva em que irá se predispor a deixar o mercado lhe dizer, na perspectiva dele, o que é provável que aconteça em seguida. Nesse ponto, você estará no melhor estado mental para espontaneamente entrar em flow, situação em que você se conecta ao "flow de oportunidades do momento presente".

9.
A natureza das crenças

A ESTA ALTURA, SE VOCÊ PUDER SENTIR OS BENEFÍCIOS de adotar as cinco verdades fundamentais sobre trading, a tarefa será aprender a integrar adequadamente essas verdades em seu sistema mental como crenças fundamentais que não estão em conflito com as suas outras crenças.

À primeira vista, isso pode parecer um trabalho assustador, e, em outras circunstâncias, eu concordaria com você, mas esse não é o caso, porque no capítulo 11 apresentarei um exercício de trading simples, concebido especificamente para lhe incutir essas verdades como crenças em nível funcional da sua mente. Nível funcional é aquele em que você se situa ao operar naturalmente em estado mental despreocupado, percebendo exatamente o que precisa saber e agindo sem hesitação e conflitos internos.

No entanto, tenho algumas palavras de advertência para quem já deu uma olhada nesse exercício. Na superfície, o exercício de trading parece tão simples que você pode ficar tentado a fazê-lo agora, antes de compreender por completo as implicações do que você está fazendo. Recomendo enfaticamente que você não aja assim. Há algumas dinâmicas sutis, mas profundas, no processo de aprendizado de como cultivar essas novas crenças e mudar quaisquer outras crenças que estejam em conflito com as novas. Compreender o exercício de trading em si é fácil.

O TRADER VENCEDOR

Compreender como usar esse exercício para mudar suas crenças é outra questão totalmente diferente. Se você fizer o exercício sem compreender os princípios apresentados neste capítulo e no próximo, você não alcançará os resultados almejados.

Também é importante que você não dê como certo o esforço mental que talvez tenha de despender para treinar sua mente a aceitar completamente esses princípios de sucesso, por melhor que você os assimile. Lembre-se de Bob, o CTA que supunha conhecer profundamente o conceito de probabilidades, mas que não era capaz de atuar numa perspectiva probabilística.

Muitas pessoas cometem o erro de supor que, depois de compreenderem alguma coisa, o insight inerente ao novo conhecimento automaticamente se torna componente funcional de sua identidade. Todavia, na maioria das vezes, compreender um conceito é apenas um primeiro passo no processo de integrar esse conceito no nível funcional de sua mente. Essa afirmação é ainda mais pertinente no caso de conceitos que envolvem pensamento probabilístico. Nosso cérebro não está configurado naturalmente para ser "objetivo" ou para ficar no "momento presente". Isso significa que temos de treinar ativamente o cérebro para pensar nessas perspectivas.

Além do treinamento necessário, é possível que haja muitas crenças conflitantes com que trabalhar. As crenças conflitantes produzirão o efeito de sabotar as suas melhores intenções de operar em estado mental objetivo ou de experimentar o "flow de oportunidades do momento presente". Por exemplo, digamos que você passou anos aprendendo a ler os mercados, ou gastou muito dinheiro desenvolvendo ou adquirindo sistemas técnicos, no intuito de descobrir o que aconteceria em seguida. Agora, você veio a compreender que não tem de saber o que vai acontecer em seguida e que até a tentativa de prever o futuro comprometerá a sua capacidade de ser objetivo ou de atuar no momento presente. O que temos aqui é um conflito direto entre sua velha crença de que precisa saber o que acontecerá em seguida para ser bem-sucedido e sua nova compreensão de que você não precisa conjecturar sobre o futuro.

Agora, acaso a sua nova compreensão será capaz de neutralizar todo o tempo, dinheiro e energia despendidos em reforçar a crença de que você "precisa saber"? Quisera eu fosse tão fácil. E, para alguns poucos felizardos, é possível que seja. Talvez você se lembre que, no capítulo 4, quando falei sobre a distância psicológica em relação ao código de software, eu disse que alguns traders talvez já estejam tão próximos dessas novas perspectivas que todos eles precisam juntar algumas das poucas peças faltantes para criar uma experiência "arrá" transformadora.

No entanto, com base em minha experiência de trabalho com bem mais de mil traders, posso dizer que a maioria não está perto de modo algum dessa perspectiva. Para os que se encontram nessa situação, talvez seja necessário muito trabalho mental, durante muito tempo, para integrar adequadamente em seu ambiente mental os novos conhecimentos sobre trading. A boa notícia é que, em última análise, o exercício que proponho no capítulo 11 infundirá em sua mente as cinco verdades fundamentais e resolverá muitos dos conflitos potenciais, mas apenas se você souber exatamente o que está fazendo e por que está fazendo. Este é o tema deste e do próximo capítulo.

As origens de uma crença

O que temos a aprender sobre a natureza das crenças e como usar esse conhecimento para cultivar uma mentalidade que fomente nosso desejo de ser um trader vencedor consistente? Essas são as duas questões em que focarei neste capítulo.

Primeiro, vamos analisar a origem de nossas crenças. Como já vimos, lembranças, idiossincrasias e crenças existem na forma de energia — especificamente, energia estruturada. Num trecho anterior, mesclei esses três componentes mentais para mostrar:

1. Que lembranças, idiossincrasias e crenças não existem como matéria física;
2. Que a relação de causa e efeito entre nós e o ambiente externo gera esses componentes; e
3. Como essa relação de causa e efeito se inverte e percebemos o ambiente externo à luz do que já conhecemos.

Para chegar à origem das nossas crenças, teremos de desagregar esses componentes para mostrar a diferença entre lembrança e crença. A melhor maneira de fazê-lo é nos imaginar na mente de uma criança. Acho que, nos primórdios da vida de uma criança, as lembranças de suas experiências existem na forma mais pura. Em outras palavras, as lembranças do que ela viu, ouviu, cheirou, tocou ou provou estão em sua mente como meras informações sensoriais, que não estão organizadas nem associadas a palavras ou conceitos específicos. Portanto, defino lembrança pura como informação sensorial armazenada em sua forma original.

Crença, por outro lado, é um conceito que se refere à forma como se expressa o ambiente externo em nossa mente. Conceito combina a pura informação sensorial com um sistema de símbolos denominado linguagem. Por exemplo, as crianças, de início, têm a lembrança pura da sensação de serem alimentadas amorosamente pelos pais; só depois de aprenderem a conectar ou associar certas palavras à informação sensorial pura armazenada em sua memória elas formam o conceito de como se sentem ao serem nutridas com afeto.

A frase "a vida é maravilhosa" é um conceito. Em si, as palavras compõem um conjunto inexpressivo de símbolos abstratos. Se, porém, a criança aprende a conectar essas palavras aos seus sentimentos positivos de ser alimentada, as letras deixam de ser um conjunto de símbolos abstratos e as palavras já não são uma frase abstrata. "A vida é maravilhosa" se transforma, assim, numa idiossincrasia definitiva sobre a existência do mundo em si ou sobre sua forma de funcionamento. Pela mesma razão, se a criança não recebeu nutrição suficiente para suprir suas necessidades, ela poderia com a mesma facilidade relacionar esses sentimentos de dor emocional ao conceito de como "a vida não é justa" ou de como "o mundo é um lugar horrível".

Em todo caso, quando a energia positiva ou negativa de nossas lembranças ou experiências se associa a um conjunto de palavras, constitui-se o que denominamos conceito, o conceito se energiza e, em consequência, se transforma em crença sobre a natureza da realidade. Considerando que os conceitos são estruturados pelo arcabouço de uma linguagem e energizados por nossas experiências, fica claro por que me refiro às crenças como "energia estruturada".

A NATUREZA DAS CRENÇAS

Quando surge uma crença, o que ela faz? Qual é a sua função? Sob certos aspectos, parece ridículo fazer essas perguntas. Afinal, todos temos crenças. Constantemente, expressamos nossas crenças por palavras e atitudes. Ademais, interagimos o tempo todo com as crenças alheias, à medida que se expressam sob várias formas. Todavia, se eu perguntar "Qual é exatamente o papel das crenças?", é provável que sua mente fique em branco e que nenhuma resposta lhe ocorra de imediato.

Por outro lado, se eu lhe perguntasse sobre as funções de seus olhos, ouvidos, nariz ou dentes, você não teria dificuldade em responder. Como as crenças são componentes tão importantes de nossa compleição (em termos de impacto sobre a qualidade da vida), é por certo uma grande ironia que se pense tão pouco sobre elas e que elas sejam tão mal compreendidas.

Quando digo "que se pense tão pouco sobre elas", estou afirmando que, se temos um problema em qualquer parte do corpo, nela naturalmente concentramos a atenção, em busca de uma solução para o desconforto. Entretanto, raramente nos ocorre que as dificuldades referentes à nossa qualidade de vida (por exemplo, infelicidade, insatisfação ou insucesso em alguma área) talvez estejam enraizadas em nossas crenças.

Desconsiderar as crenças é um fenômeno universal. Uma das principais características das crenças é fazer com que nossas experiências pareçam evidentes e inquestionáveis. De fato, não fosse o nosso desejo intenso de experimentar sucesso consistente como trader, é improvável que nos interessássemos em nos aprofundar nesse tópico. Geralmente, só depois de anos de frustração extrema as pessoas começam a analisar suas crenças como fonte de dificuldades.

No entanto, embora as crenças sejam parte complexa de nossa identidade, não é preciso conduzir esse processo de autoanálise de maneira tão pessoal. Lembre-se de que não nascemos com nenhuma de nossas crenças. Elas são adquiridas de diferentes maneiras. Muitas das crenças que mais nos impactam não foram desenvolvidas como ato de livre e espontânea vontade. Elas nos foram instiladas por outras pessoas. E em nada surpreende a constatação de que geralmente as crenças que mais nos causam dificuldades são as que cultivamos de maneira inconsciente. Em outras palavras, refiro-me às crenças que adotamos quando éramos ainda muito imaturos e desinformados para percebermos as implicações negativas do que estávamos aprendendo.

Não importam as fontes de nossas crenças, depois que as desenvolvemos, elas basicamente atuam da mesma maneira. As crenças funcionam como outras partes do corpo humano. Por exemplo, comparando meus olhos e seus olhos, minhas mãos e suas mãos, ou meus glóbulos vermelhos e seus glóbulos vermelhos, logo constatamos que eles não são exatamente iguais, mas têm características em comum que os levam a atuar de maneira semelhante. Pela mesma razão, a crença de que "a vida é maravilhosa" funcionará da mesma maneira como a crença de que "a vida é horrível". As crenças em si são diferentes e os efeitos de cada uma em nossa qualidade de vida são muito diferentes, mas ambas funcionam exatamente da mesma maneira.

Crenças e seu impacto em nossa vida

No sentido mais amplo, nossas crenças moldam a maneira como vivemos. Como eu já disse, não nascemos com nenhuma de nossas crenças. Todas são adquiridas e, à medida que se acumulam, vivemos de maneira que reflete aquilo em que acreditamos. Pense em como sua vida seria diferente se você tivesse nascido numa cultura, religião ou sistema político que pouco ou nada tivesse em comum com o ambiente em que você nasceu. Talvez seja difícil imaginar, mas o que você teria aprendido a acreditar sobre a natureza da vida e o funcionamento do mundo não seria nem de longe semelhante às suas crenças atuais. Ainda assim, você sustentaria essas outras crenças com o mesmo grau de certeza com que mantém suas crenças atuais.

A NATUREZA DAS CRENÇAS

Como as crenças moldam nossa vida

1. Elas manejam nossas percepções e interpretações das informações contextuais de maneira a confirmar nossas convicções.
2. Elas criam nossas expectativas. Lembre-se de que expectativa é uma projeção de nossas crenças em algum momento do futuro. Como não podemos esperar algo desconhecido, podemos dizer que expectativa é uma projeção do que sabemos em algum momento do futuro.
3. Todas as nossas ações e comportamentos serão compatíveis com nossas crenças.
4. Finalmente, nossas crenças moldam nossos sentimentos sobre os resultados de nossas ações.

Não há muito na maneira como funcionamos que não seja fortemente influenciado por nossas crenças. Assim, o que farei é dar um exemplo a que recorri em meu primeiro livro, *The Disciplined Trader*, para ilustrar as várias funções de uma crença.

Na primavera de 1987, eu estava assistindo a um programa de televisão local intitulado *Gotcha Chicago*. Era sobre algumas celebridades da cidade que trocavam gracejos entre si. Em um dos episódios, a emissora contratou um homem para ficar numa calçada da Michigan Avenue, segurando um cartaz com a inscrição "Dinheiro de graça. Só hoje". (Para quem não está muito familiarizado com Chicago, a Michigan Avenue ostenta muitas lojas e butiques de grife.) A emissora abasteceu o homem com dinheiro suficiente, instruindo-o a dá-lo a quem pedisse.

Agora, considerando que a Michigan Avenue é uma das áreas mais congestionadas da cidade e presumindo que quase todas as pessoas que passaram pelo homem na rua podiam ler o cartaz, quantas você supõe que acreditaram na oferta e pediram dinheiro? De todos os transeuntes que leram o cartaz, apenas um parou e disse: "Que bom! Será que você me daria uns trocados para o ônibus?". Afora esse, ninguém mais pediu dinheiro.

O homem com o cartaz acabou se irritando porque ninguém reagia como ele esperava. E começou a choramingar: "Vocês querem dinheiro?

Por favor, peguem o dinheiro; não consigo distribuí-lo como devia". E a multidão seguiu passando por ele, ignorando-o totalmente. Na verdade, muita gente se desviou para evitá-lo. Quando um homem de terno, carregando uma pasta, se aproximou, o homem com o cartaz logo perguntou "Você quer dinheiro?" e ouviu a resposta "Não, hoje não". Ainda mais irritado, o homem com o cartaz disparou de volta "Não é todo dia que eu distribuo dinheiro! Que tal essa grana aqui?", enquanto tentava passar-lhe algumas notas. O homem de terno recusou sem hesitação — "Não" — e se afastou.

O que estava acontecendo? Por que praticamente ninguém (a não ser a pessoa que precisava pagar o ônibus) pediu dinheiro? Supondo que os passantes, em sua maioria, leram o cartaz, mas não fizeram nada para pegar o dinheiro, a única explicação possível para esse comportamento é que simplesmente não estavam interessados no dinheiro, o que, no entanto, é extremamente improvável, considerando que quase todos nós passamos a vida correndo atrás de dinheiro.

Se concordarmos que as pessoas liam o cartaz e que dinheiro é muito importante para a maioria de nós, o que teria impedido que elas aproveitassem a oportunidade ao menos para ganhar uns trocados? O ambiente estava proporcionando uma experiência que a maioria das pessoas adoraria aproveitar: alguém lhes oferecendo dinheiro sem nenhuma exigência. Entretanto, todos passavam, ignorando aquela chance. É possível que não tenham percebido o que estava disponível. Isso é difícil de imaginar, porque o cartaz era chamativo: "Dinheiro de graça. Só hoje". Contudo, fica mais fácil compreender o que aconteceu se você considerar que a maioria das pessoas tem uma crença (um conceito muito arraigado e inquestionável de como funciona o mundo) de que "Não existe dinheiro de graça".

Se realmente não existe dinheiro de graça, como conciliar a contradição óbvia entre a crença e o cartaz? Isso é fácil, basta concluir que o homem com o cartaz é maluco; o que mais poderia explicar um comportamento tão bizarro se realmente não existe dinheiro de graça? O raciocínio que poderia explicar a contradição seria mais ou menos o seguinte: "Todos sabem que ganhar dinheiro sem exigências raramente acontece, sem dúvida não de um estranho numa rua movimentada da cidade. De

A NATUREZA DAS CRENÇAS

fato, se o homem realmente estivesse dando dinheiro, ele já estaria cercado por uma multidão, talvez arriscando a própria vida. Ele deve ser maluco. É melhor passar longe dele; quem sabe o que ele poderia fazer?".

Observe que todos os componentes desse processo mental são compatíveis com a crença de que não existe dinheiro de graça.

1. As palavras "dinheiro de graça" não foram percebidas nem interpretadas como se pretendia na perspectiva do ambiente.
2. Concluir que a pessoa com o cartaz devia ser maluca criou uma expectativa de perigo, ou pelo menos a percepção de que era preciso tomar cuidado.
3. Desviar-se deliberadamente para passar longe da pessoa com o cartaz é compatível com a expectativa de perigo.
4. Como cada pessoa se sentiu em relação ao desfecho? A resposta é difícil sem conhecê-las pessoalmente, mas uma boa generalização seria que elas se sentiram aliviadas por evitarem incólumes um confronto com o maluco.

A sensação de alívio por evitar o confronto é um estado mental. Lembre-se de que a sensação (o grau relativo de energia positiva ou negativa fluindo em nosso corpo e mente) é sempre uma verdade absoluta. Mas as crenças que precipitam determinado estado mental podem não ser verdadeiras em relação às possibilidades disponíveis na perspectiva do ambiente.

O alívio por evitar o confronto não era o único desfecho possível na situação. Imagine como seria diferente a experiência se as pessoas acreditassem que "existe dinheiro de graça". O processo descrito acima seria o mesmo, só que a crença de que "existe dinheiro de graça" seria evidente e inquestionável, assim como a crença anterior de que "não existe dinheiro de graça" parecia evidente e inquestionável.

Um exemplo perfeito seria o da única pessoa que disse "Que bom! Será que você me daria uns trocados para o ônibus?". Quando vi isso, tive a impressão de que o cara era um mendigo que teria pedido uns trocados a qualquer pessoa. Mendigo é alguém que definitivamente acredita na existência de dinheiro de graça. Portanto, sua percepção e interpretação do cartaz eram exatamente as pretendidas pela emissora de TV. A expectativa e o comportamento dele eram consistentes com a crença de que existe dinheiro de graça. E como se sentiria ele sobre os resultados? Como ele conseguiu os trocados, suponho que ficou satisfeito. Evidentemente, o que ele não sabia é que poderia ter conseguido muito mais.

Há outro desfecho possível para esse cenário. Vamos considerar o exemplo hipotético de alguém para quem "não existe dinheiro de graça", mas que resolve fazer uma tentativa. Em outras palavras, alguém que ficou tão intrigado e curioso com as possibilidades que resolveu suspender temporariamente sua crença de que "não existe dinheiro de graça". Essa suspensão temporária lhe permite agir fora das fronteiras criadas por uma crença, para ver o que acontece. Assim, em vez de ignorar o homem com o cartaz, que seria a primeira inclinação da nossa pessoa hipotética, ela caminha até ele e diz "Me dá dez dólares". O homem do cartaz imediatamente puxa do bolso uma nota de dez dólares e a entrega ao indivíduo. O que acontece agora? Como o indivíduo se sente depois de experimentar algo inesperado que contradiz completamente a sua crença?

Para a maioria das pessoas, a crença de que não existe dinheiro de graça se desenvolve através de circunstâncias desagradáveis, para dizer o mínimo. A maneira mais comum é ouvir que não podemos ter alguma coisa porque é cara demais. Quantas vezes uma criança comum ouve "Quem você pensa que é, afinal? Dinheiro não dá em árvores, sabia?"? Trata-se provavelmente de uma crença negativa. Assim, a experiência de receber dinheiro de alguém sem nenhuma exigência e sem nenhum comentário negativo provavelmente o deixaria em um estado mental de grande alegria.

Com efeito, a maioria das pessoas ficaria tão feliz que se sentiria impelida a compartilhar essa felicidade e essa nova descoberta com todas as pessoas de suas relações. Imagino-o voltando para o escritório ou chegando em casa, e, ao deparar com alguém, suas primeiras palavras seriam "Você não vai acreditar no que aconteceu comigo hoje", e, embora queira desesperadamente que acreditem em sua história, é muito pouco provável que a levem a sério. Por quê? Porque a crença delas de que não existe dinheiro de graça as induzirá a interpretar essa história de maneira a negar sua validade.

Para levar esse exemplo um pouco mais longe, imagine o que aconteceria com o estado mental dessa pessoa se lhe ocorresse que ela poderia ter pedido mais dinheiro. Ela se encontra em estado de puro entusiasmo. Contudo, no momento em que essa ideia brota em sua cabeça ou alguém a quem relatou o ocorrido lhe pergunta por que não pediu muito mais, seu estado mental imediatamente se torna negativo, cheio de arrependimento e desespero. Por quê? Porque ela se conecta a uma crença negativa sobre o que significa perder uma oportunidade ou não extrair de uma boa chance o máximo possível. Assim, em vez de ficar feliz com o que conseguiu, a pessoa lamenta o que poderia ter tido mas não tentou.

Crenças versus verdade

Nesses três exemplos, inclusive no hipotético, todos experimentaram sua própria versão singular da situação. Se lhe perguntassem, cada pessoa descreveria o que ele ou ela experimentou, em sua perspectiva, como se essa fosse a única versão verdadeira e válida da realidade. A contradição entre essas três versões da verdade sugere para mim uma questão filosófica mais ampla que precisa ser resolvida. Se as crenças limitam nossa consciência da informação que está sendo gerada pelo ambiente físico, de modo que as nossas percepções sejam consistentes com as nossas crenças, como saberemos, então, qual é a verdade?

Para responder a essa pergunta, temos de considerar quatro ideias:

1. O ambiente pode se expressar de uma combinação infinita de maneiras. Quando se conjugam todas as forças da natureza interagindo com todas as criações dos humanos, e a isso se adicionam as forças geradas por todas as manifestações possíveis das pessoas, daí resultam tantas versões possíveis da realidade que por certo oprimiriam até a pessoa de mente mais aberta.

2. Até desenvolvermos a capacidade de perceber todas as manifestações possíveis do ambiente, nossas crenças sempre representarão uma versão limitada do que é possível, sob a perspectiva

do ambiente, o que torna nossas crenças um enunciado sobre a realidade, mas não necessariamente um enunciado definitivo da realidade.

3. Caso você se veja como exceção à segunda afirmação, então considere que, se nossas crenças fossem imagens reflexas verdadeiras, 100% exatas da realidade física, nossas expectativas sempre se realizariam. Se nossas expectativas sempre se realizassem, estaríamos em constante estado de satisfação. Como poderíamos não nos sentir felizes, alegres, animados, e com a mais completa sensação de bem-estar, se a realidade sempre correspondesse às nossas expectativas?

4. Caso você aceite a terceira afirmação como válida, então, o corolário também é verdadeiro. Assim, se não nos sentimos satisfeitos, deve ser por estarmos atuando com base em crença ou crenças que não funcionam muito bem nas condições do ambiente.

Considerando essas quatro ideias, posso agora responder à pergunta "O que é verdade?". A resposta é "O que funciona". Se as crenças impõem limitações às nossas percepções do possível, e o ambiente pode se expressar de uma combinação infinita de maneiras, nossas crenças, então, só podem ser verdadeiras em relação ao que estamos tentando realizar em qualquer momento. Em outras palavras, o grau relativo de verdade inerente às nossas crenças pode ser medido pelo quão úteis elas são.

Todos temos forças internas (curiosidades, necessidades, vontades, quereres, desejos, objetivos e aspirações) que nos impelem ou motivam a interagir com o ambiente físico. O conjunto específico de passos que damos para alcançar o objeto de nossas curiosidades, necessidades, quereres, desejos, objetivos ou aspirações é função do que acreditamos ser verdade em qualquer circunstância ou situação. Essa verdade, não importa qual, determinará:

1. As possibilidades que percebemos em relação ao que está disponível, na perspectiva do ambiente,

2. Como interpretamos o que percebemos,

A NATUREZA DAS CRENÇAS

3. As decisões que tomamos,
4. Nossas expectativas quanto ao desfecho,
5. O que fazemos, e
6. Como nos sentimos sobre os resultados de nossos esforços.

Em qualquer dado momento, se nos virmos em estado de satisfação, felicidade ou bem-estar em relação a qualquer coisa que estejamos tentando realizar, podemos dizer que as nossas verdades, no sentido de quaisquer crenças de que estejamos imbuídos, são úteis, porque o processo, como afirmado acima, funcionou. O que percebemos foi consistente não só com nossos objetivos, mas com o que estava disponível na perspectiva do ambiente. Nossa interpretação da informação que recebemos resultou em decisões, expectativas e ações que estavam em harmonia com o ambiente e com as circunstâncias. Não houve resistência ou reação por parte do ambiente ou da própria mente em prejuízo do desfecho almejado. Em consequência, entramos em estado de satisfação, felicidade e bem-estar.

Por outro lado, se estivermos em estado de insatisfação, decepção, frustração, confusão, desespero, arrependimento ou desesperança, podemos dizer que, em relação à situação e às circunstâncias, as crenças com que estamos operando não funcionam bem ou simplesmente são ineficazes. Em termos simples, a verdade depende do que funciona em relação ao que tentamos realizar em dado momento.

10.
O impacto das crenças em trading

SE O AMBIENTE EXTERNO PODE SE EXPRESSAR de uma combinação infinita de maneiras, então não há realmente nenhum limite para o número e a variedade de crenças a serem desenvolvidas por cada pessoa sobre a natureza de nossa existência. Essa é uma maneira mais elaborada de dizer que há muito a ser aprendido por aí. No entanto, para fazer uma observação geral sobre a natureza da humanidade, eu diria que certamente não vivemos de maneira consistente com essa afirmação. Se fosse de fato possível acreditar em quase tudo, por que, então, estamos sempre discutindo e brigando uns com os outros por diferenças de opinião? Se essa fosse mesmo a realidade, por que não poderíamos todos nós viver a vida à nossa maneira, refletindo tudo em que acreditamos?

Deve haver algo por trás de nossas tentativas implacáveis de convencer os outros da validade de nossas crenças e de negar a validade das crenças alheias. Considere que todo conflito, do menor ao maior, do menos ao mais importante, entre indivíduos, culturas, sociedades ou países, é sempre o resultado de crenças conflitantes. Que características de nossas crenças nos tornam intolerantes em relação às crenças divergentes? Em alguns casos, somos tão obstinados que matamos uns aos outros para impor nossos pontos de vista.

O IMPACTO DAS CRENÇAS EM TRADING

Minha teoria pessoal é que as crenças não são apenas energia estruturada, mas também energia que parece consciente, pelo menos a ponto de ter algum grau de consciência. Do contrário, como explicaríamos nossa capacidade de reconhecer no lado de fora o que está no lado de dentro? Como saberíamos que nossas expectativas estão sendo realizadas? Como saberíamos quando não estão? Como saberíamos que estamos sendo confrontados por informações ou circunstâncias que contradizem nossas crenças? A única explicação é que cada crença individual tem algum atributo de consciência ou de autoconsciência que a leva a funcionar como funciona.

A ideia de que a energia tem algum grau de consciência talvez seja difícil de aceitar para muita gente. Muitas são, porém, as observações que podemos fazer sobre nossa natureza individual e coletiva capazes de sustentar essa possibilidade. Primeiro, todos querem ser acreditados. Não importa qual seja a crença; a experiência de ser acreditado é agradável. Acho que esses sentimentos positivos são universais, o que significa que se aplicam a todas as pessoas. Inversamente, ninguém gosta de ser desacreditado; não é agradável. Se eu dissesse "Não acredito em você", o sentimento negativo que repercutiria em todo o seu corpo e mente é também universal. Pela mesma razão, ninguém gosta de ser desafiado em suas crenças. O desafio provoca a sensação de ataque. Todos, quaisquer que sejam as suas crenças, parecem responder da mesma maneira: a resposta típica é argumentar, defender-se a si próprio e às suas crenças, e, dependendo da situação, contra-atacar.

Quando nos expressamos, parece que gostamos de ser ouvidos. Se percebemos que nosso público não está prestando atenção, como nos sentimos? Não muito bem! De novo, acho que essa resposta é universal. Inversamente, por que é tão difícil ser bom ouvinte? Porque, para ser bom ouvinte, efetivamente precisamos escutar, sem pensar em como vamos nos expressar no momento em que for possível interromper com polidez ou grosseria a pessoa que está falando. Qual é a força compulsiva por trás de nossa incapacidade de ouvir sem a intenção de interromper?

Porventura não gostamos de estar com pessoas cujas crenças são semelhantes às nossas, por nos sentirmos confortáveis e seguros? Acaso não evitamos pessoas com crenças diferentes das nossas, conflitantes com as nossas opiniões, porque nos sentimos desconfortáveis e até ameaçados? A implicação final é que, quando desenvolvemos uma crença, ela parece assumir vida própria, levando-nos a reconhecer e a sermos atraídos por posições semelhantes e a sermos repelidos por qualquer coisa que seja oposta ou contraditória. Considerando o vasto número de crenças divergentes, se esses sentimentos de atração ou conforto e de repulsão ou ameaça são universais, então cada crença individual, de alguma maneira, deve ter consciência de sua existência, e essa energia estruturada consciente deve comportar-se de maneira característica, comum a todos nós.

Características básicas de uma crença

Há três características que você precisa compreender para se imbuir com eficácia das cinco verdades fundamentais sobre trading no nível funcional do seu ambiente mental:

1. As crenças parecem ter vida própria e, portanto, resistem a qualquer força que alteraria sua forma presente.
2. Todas as crenças ativas exigem expressão.
3. As crenças continuam ativas, saibamos ou não conscientemente de sua existência em nosso ambiente mental.

1. *As crenças resistem a qualquer força que possa alterar sua forma presente.* Talvez não sejamos capazes de compreender a dinâmica básica de como as crenças preservam sua integridade estrutural, mas temos condições de observar que elas agem assim, mesmo em face de pressões ou forças extremas. Em toda a história humana, muitos são os exemplos de pessoas cuja crença sobre alguma questão ou causa era tão poderosa, que elas optaram por praticar iniquidades, torturas e mortes, em vez de se expressar de maneira que violasse suas crenças. Essa é por certo uma demonstração da maneira como as crenças são poderosas e da intensidade com que resistem a qualquer tentativa de alterá-las ou transgredi-las, até da maneira mais tênue.

O IMPACTO DAS CRENÇAS EM TRADING

As crenças parecem compor-se de um tipo de energia ou força que naturalmente resiste a qualquer intervenção que as leve a assumir outra forma que não seja a atual. Significaria isso que elas não podem ser alteradas? Absolutamente não! Significa apenas que temos de compreender como trabalhar com elas. As crenças podem ser alteradas, mas não da maneira como em geral se supõe. Acredito que, uma vez formadas, as crenças não podem ser destruídas. Em outras palavras, nada podemos fazer para que uma ou mais de nossas crenças se extinga ou desapareça como se nunca tivesse existido. Essa asserção se fundamenta em uma lei básica da física. De acordo com Albert Einstein e outros da comunidade científica, a energia não pode ser criada ou destruída; ela só pode ser transformada. Se as crenças são energia — energia consciente estruturada, que tem conhecimento da sua existência —, então esse mesmo princípio da física se aplica às crenças, no sentido de que não conseguimos erradicá-las.

Se você soubesse que alguém ou algo estava tentando destruí-lo, qual seria a sua reação? Você se defenderia, contra-atacaria e possivelmente ficaria ainda mais forte do que antes de saber da ameaça. Cada crença é um componente do que consideramos nossa identidade. Não seria razoável esperar que, se ameaçada, cada crença individual responda como todas as partes respondem coletivamente?

O mesmo princípio se mantém se tentarmos agir como se uma crença especialmente problemática não existisse. Se você acordasse uma manhã e todo mundo que você conhece o ignorasse e agisse como se você não existisse, como você responderia? Provavelmente não demoraria muito para que você agarrasse alguém e ficasse bem na cara dessa pessoa para tentar forçá-la a reconhecê-lo. Mais uma vez, se ignorada de propósito, cada crença individual agirá exatamente da mesma maneira. Ela encontrará uma forma de impor sua presença em nosso pensamento ou comportamento consciente.

A maneira mais fácil e mais eficaz de trabalhar com nossas crenças é sutilmente torná-las inativas ou não funcionais, retirando-lhes a energia. Chamo esse processo de desativação. Depois da desativação, a estrutura original da crença continua intacta, de modo que tecnicamente ela não mudou. A diferença é que a crença já não tem energia.

173

Sem energia, ela não tem capacidade para agir como força sobre nossa percepção da informação ou sobre nosso comportamento.

Eis um exemplo pessoal: quando criança pequena, fui ensinado a acreditar em Papai Noel e na Fada do Dente. Em meu sistema mental, ambos os personagens são exemplos perfeitos do que agora são crenças não funcionais inativas. Contudo, embora inativas, elas ainda existem em meu sistema mental, só que agora subsistem como conceitos sem energia. Se você se lembra do capítulo anterior, defino crenças como uma combinação de experiências sensórias e de palavras que formam um conceito energizado. A energia pode ser extraída do conceito, mas o conceito em si permanece intacto, em sua forma original. No entanto, sem energia, ele não mais tem o potencial de atuar sobre a minha percepção de informações ou sobre o meu comportamento.

Assim, sentado aqui, digitando em meu computador, se alguém se aproximasse e dissesse que Papai Noel estava na porta da frente, como você acha que eu perceberia e interpretaria essa informação? Eu a trataria como irrelevante ou como uma brincadeira, evidentemente. Contudo, se eu tivesse cinco anos e minha mãe dissesse que Papai Noel estava na porta da frente, as palavras dela imediatamente liberariam um enorme reservatório de energia positiva dentro de mim, impelindo-me a pular e a correr para a porta da frente tão rápido quanto eu conseguisse. Nada seria capaz de me deter. Eu teria superado qualquer obstáculo em meu caminho.

Em algum momento, meus pais me disseram que Papai Noel não existia. Agora, tenho em meu sistema mental duas idiossincrasias contraditórias sobre a natureza do mundo: uma, Papai Noel existe; duas, Papai Noel não existe. A diferença entre elas está na carga de energia de cada uma. A primeira praticamente não tem energia; a segunda tem energia. Assim, de uma perspectiva funcional, não há contradição ou conflito.

Proponho que, se é possível tornar uma crença inativa, então é possível desativar qualquer crença, a despeito do fato de que todas as crenças parecem resistir a qualquer força que tente alterá-las em sua forma atual. O segredo para transformar com eficácia as nossas crenças é compreender e, portanto, acreditar que realmente não estamos mudando as nossas crenças; estamos apenas transferindo energia de um

O IMPACTO DAS CRENÇAS EM TRADING

conceito anterior para um conceito novo, que consideramos mais útil para nos ajudar a realizar nossos desejos ou a alcançar nossos objetivos.

2. *Todas as crenças ativas demandam expressão.* As crenças se dividem em duas categorias básicas: ativas e inativas. A distinção entre as duas é simples. As crenças ativas estão energizadas; elas têm energia suficiente para agir como força sobre a nossa percepção de informações e sobre nosso comportamento. As crenças inativas são exatamente o oposto. São aquelas que, por várias razões, não mais têm energia ou têm tão pouca energia que já não são capazes de atuar como força sobre como percebemos as informações ou como nos expressamos.

Quando digo que todas as crenças ativas demandam expressão, não estou sugerindo que todas as crenças em nosso ambiente mental querem se expressar ao mesmo tempo. Por exemplo, se lhe peço para pensar sobre o que está errado no mundo de hoje, a palavra "errado" evocaria em sua mente ideias sobre a natureza do mundo que refletem o que você considera problemático ou desconcertante. A menos que, evidentemente, não haja nada no estado do mundo que você considere perturbador. A questão é que, se houvesse algo que você de fato acredita ser errado, você não estaria necessariamente pensando nisso antes de eu fazer a pergunta; mas, no momento em que lhe perguntei, suas crenças sobre essas questões logo avançaram para a linha de frente de seu processo de pensamento consciente. Com efeito, elas demandaram ser ouvidas.

Digo que as crenças "demandam" se expressar porque, quando alguma coisa nos induz a mexer com as nossas crenças, parece que não conseguimos conter o extravasamento de energia liberada. Essas situações ocorrem sobretudo com questões emocionalmente sensíveis ou com crenças especialmente passionais. Você poderia perguntar: "Por que eu desejaria reprimir a expressão de minhas crenças?". Por diversas razões. Considere um cenário em que você está interagindo com alguém em posição hierárquica superior à sua no trabalho, e essa pessoa está dizendo alguma coisa de que você discorda completamente ou que até considera totalmente absurda. Dirá você a verdade ou partirá para evasivas? A sua reação dependerá de suas crenças sobre o que é próprio nessas circunstâncias. Se as suas crenças ditarem que falar com franqueza seria inadequado e se essas crenças tiverem mais energia do que as que estão sendo contestadas pelo interlocutor, você provavelmente se conterá e não argumentará de forma aberta.

Você pode simplesmente olhar para essa pessoa (o chefe) e assentir com a cabeça. Estará, porém, a sua mente de acordo com essa atitude? Absolutamente não! Suas opiniões sobre as questões em debate são efetivamente contrárias a cada ponto defendido pelo chefe. Em outras palavras, suas crenças estão demandando expressão, mas não estão se manifestando externamente (no ambiente) porque outras crenças estão atuando em sentido contrário. No entanto, elas logo encontrarão uma maneira de se expressar, certo? Assim que se desvencilhar da situação, também você provavelmente descobrirá uma maneira de "descarregar", ou até de vomitar seus argumentos. Você por certo descreverá o que teve de aguentar a alguém em quem você confia e que tende a ouvi-lo com simpatia. Esse é um exemplo de como nossas crenças querem se expressar quando estão em conflito com o ambiente externo.

O que acontece, porém, quando uma ou mais de nossas crenças estão em conflito com nossas intenções, objetivos, sonhos, quereres ou desejos? As implicações desse conflito podem exercer efeito profundo sobre nossas atividades de trading. Como já aprendemos, as crenças geram idiossincrasias em como o ambiente externo pode se expressar. Idiossincrasias, por definição, são fronteiras. A consciência humana, por outro lado, pode ser maior que a soma total de tudo aquilo em que aprendemos a acreditar. Esse atributo "maior que" da consciência humana nos confere a capacidade de pensar em qualquer direção que escolhermos, dentro ou fora das fronteiras impostas por nossas crenças. Pensar fora das fronteiras de nossas crenças geralmente é referido como pensamento criativo. Quando deliberadamente optamos por questionar uma crença (questionar o que sabemos) e sinceramente procuramos uma resposta, abrimos nossa mente para receber uma "ideia brilhante", uma "inspiração" ou uma "solução" para a questão em foco.

Criatividade, por definição, suscita alguma coisa que não existia antes. Quando ativamos nossa mente no modo de pensamento criativo, concebemos (por definição, automaticamente) ideias ou pensamentos

O IMPACTO DAS CRENÇAS EM TRADING

que estão além de qualquer coisa já existente em nossa mente racional como crença ou lembrança. Que eu saiba, não há consenso entre artistas, inventores ou comunidades religiosas ou científicas quanto à exata origem das ideias criativas. Contudo, sei que a criatividade parece ilimitada e sem fronteiras.

Se todos tivermos a capacidade inerente de pensar criativamente (e acredito que temos), também teremos, nesse caso, o potencial de vivenciar o que chamo de "experiência criativa". Defino experiência criativa como a experiência de alguma coisa nova, fora das fronteiras impostas por nossas crenças. Pode ser uma epifania — algo que nunca vimos antes, mas que na perspectiva do ambiente sempre esteve lá. Ou podemos experimentar um novo som, cheiro, sabor ou textura. As experiências criativas, como as fabulações, as inspirações, as intuições e os insights, podem ocorrer como surpresa ou podem resultar de um processo consciente. Em ambos os casos, quando as vivenciamos, podemos ser confrontados por um grande dilema psicológico. Uma ocorrência criativa, na forma de pensamento ou experiência, pode acarretar atração ou desejo por algo que está em conflito direto com uma ou mais de nossas crenças.

Para ilustrar esse ponto, voltemos ao exemplo do garoto e do cachorro. Lembre-se de que o garoto tinha tido várias experiências dolorosas com cachorros. A primeira experiência foi real na perspectiva do ambiente. As outras, todavia, foram o resultado de como a mente dele processou informações (mediante processos de associação e mecanismos de bloqueio da dor). O resultado final é que ele sentia medo sempre que deparava com um cachorro. Vamos supor que o garoto ainda era criança de colo, que mal sabia andar, quando teve a primeira experiência negativa. À medida que crescia e associava palavras e conceitos específicos com as suas lembranças, começou a formar uma crença sobre a natureza dos cachorros. Seria razoável supor que era algo como "todos os cachorros são perigosos".

Ao abranger "todos os cachorros", a crença do garoto se estruturou de maneira a levá-lo a evitar os cachorros em geral. Ele não tem motivos para questionar essa crença, porque todas as suas experiências confirmaram e reforçaram sua validade. Contudo, o garoto (como todos os outros seres humanos) está sujeito a experiências criativas. Em circunstâncias normais, o garoto fará tudo o que for possível para não encontrar um cachorro. Mas e se algo não intencional e inesperado ocorrer?

Suponha que o garoto esteja passeando com os pais e, assim, se sinta seguro e protegido. Agora, imagine que ele e os pais cheguem a uma esquina e não vejam o que vem do outro lado. Deparam, então, com uma cena em que várias crianças mais ou menos da idade do garoto estão brincando com alguns cachorros e, além disso, parecem estar obviamente se divertindo à beça. Essa é uma experiência criativa. O garoto se confronta com uma informação incontestável de que sua crença sobre a natureza dos cachorros não é verdadeira. O que acontece agora?

Primeiro, a experiência não resultou da atitude consciente do garoto. Ele não decidiu, voluntariamente, se expor a uma informação que contradizia o que ele acreditava ser verdade. Podemos chamá-la de experiência criativa não deliberada, porque o ambiente externo o forçou a confrontar outras possibilidades para ele inexistentes. Segundo, a experiência de ver outras crianças brincando com cachorros sem se machucarem deixou o garoto em estado de confusão mental. Depois de a perplexidade se desfazer, significando que ele começou a aceitar a possibilidade de que nem todos os cachorros são perigosos, vários cenários se descortinaram.

A visão de outras crianças da sua idade (com quem ele podia se identificar fortemente) se divertindo tanto com cachorros pode ter levado o garoto a concluir que é melhor ser como as outras crianças e também brincar com cachorros. Nessa hipótese, esse encontro criativo ao acaso o tornou propenso a se expressar como até então ele supunha impossível (interagir com cachorros). De fato, a ideia parecia tão inviável, que até então nem mesmo lhe tinha ocorrido. Agora, ele não só a considera, mas também a deseja.

Será ele capaz de se expressar de maneira compatível com seus desejos? A resposta a essa pergunta é uma questão de dinâmica de energia. Duas forças dentro do garoto estão em conflito direto entre si, competindo por expressão: a crença de que "todos os cachorros são perigosos" e o desejo intenso de se divertir e ser como as outras crianças. O que ele fará na próxima vez que encontrar um cachorro será determinado pela força que tiver mais energia: a crença ou o desejo.

O IMPACTO DAS CRENÇAS EM TRADING

Dada a intensidade da energia na crença de que "todos os cachorros são perigosos", podemos supor razoavelmente que ela será muito mais forte que o desejo. Se for assim, ele achará muito frustrante seu próximo encontro com um cachorro. Ainda que ele queira tocar ou afagar o cachorro, ele concluirá que não pode interagir com o animal de maneira alguma. O vocábulo "todos" no enunciado da crença atuará como força paralisante, impedindo-o de realizar o seu desejo. É bem possível que ele esteja consciente do fato de que o cachorro que ele quer afagar não é perigoso e não o machucará; mas ele não superará o bloqueio até que o confronto entre as duas forças se incline a favor do desejo.

Se o garoto quiser mesmo interagir com cachorros, ele terá de vencer o medo. Para tanto, será preciso desativar a crença de que todos os cachorros são perigosos para se imbuir de uma crença sobre cachorros mais compatível com seus desejos. Sabemos que os cachorros podem se expressar de várias maneiras, desde afetuosas e gentis até perversas e ameaçadoras. No entanto, proporcionalmente, poucos cachorros se enquadram nessa última categoria. Assim, uma boa crença a ser adotada pelo garoto seria algo como "Os cachorros, em sua maioria, são amigáveis, mas alguns podem ser perversos e ameaçadores". Essa crença o tornará apto a reconhecer características e padrões de comportamento que lhe indicarão os cachorros com que brincar e os cachorros a evitar.

Contudo, a questão mais ampla é como eliminar o vocábulo "todos" da crença "todos os cachorros são perigosos", para superar seu medo generalizado de cachorros. Lembre-se de que todas as crenças resistem naturalmente a qualquer força capaz de alterar sua forma atual, mas, como indiquei acima, a abordagem apropriada não é tentar alterar a crença, mas, antes, drenar sua energia e canalizá-la para outra crença mais adequada a nossos propósitos. Para desativar o conceito denotado pelo vocábulo "todos", o garoto terá de criar uma expectativa positiva em relação a um cachorro; em algum ponto, ele terá de vencer o medo e tocar um cachorro.

Fazer isso talvez exija do garoto muito esforço durante longo tempo. No começo do processo, sua nova descoberta sobre cachorros pode ser suficiente apenas para ficar na presença de um cachorro, a certa distância, e não fugir. No entanto, cada encontro com um cachorro, mesmo de longe, que não resulte em desfecho negativo reduzirá cada vez mais a energia negativa da sua crença de que "todos os cachorros são perigosos". Por fim, cada nova experiência positiva lhe possibilitará diminuir a distância entre ele e os cachorros, gradualmente, a ponto de realmente conseguir tocá-los. Numa perspectiva de dinâmica de energia, ele conseguirá afagar um cachorro quando seu desejo de agir assim for pelo menos tão intenso quanto sua crença de que todos os cachorros são perigosos. O momento em que ele de fato tocar um cachorro produzirá o efeito de extrair grande parte do restante da energia negativa do conceito "todo" e transferi-la para uma crença que reflita sua nova experiência.

Embora provavelmente não sejam assim tão comuns, algumas pessoas, por várias razões, têm motivação suficiente para se submeterem de forma deliberada ao processo descrito acima. Contudo, é possível que não estejam conscientes dessa dinâmica. Pessoas que enfrentam um medo dessa magnitude, que remonta à infância, em geral o fazem de maneira um tanto desconexa e improvisada, durante muitos anos, sem saber exatamente o que estão fazendo (a menos que recebam ajuda profissional competente). Mais tarde, já adultos, se lhes perguntam ou se acaso deparam com uma situação que as lembre de seu passado (por exemplo, ao observarem uma criança que tem medo de cachorro), elas com frequência caracterizam a situação que estão enfrentando como "eu me lembro de quando eu também tinha medo de cachorro, mas eu o superei".

O resultado final do primeiro cenário foi que o garoto lidou com seu medo desativando sua crença limitante sobre a natureza dos cachorros. Isso lhe permitiu expressar-se de maneira que considera aprazível, algo que de outro modo teria sido impossível.

O segundo cenário que poderia resultar da experiência criativa não deliberada da criança com cachorros é o de não se sentir atraída pela possibilidade de brincar com um cachorro. Em outras palavras, ela poderia não se importar tanto em ser como as outras crianças ou em interagir com cachorros. Nesse caso, a crença de que todos os cachorros são perigosos e sua nova constatação de que nem todos os cachorros são perigosos coexistirão em seu ambiente mental como conceitos contra-

O IMPACTO DAS CRENÇAS EM TRADING

ditórios. Isso é um exemplo do que chamo contradição ativa, quando duas crenças ativas estão em conflito direto uma com a outra, ambas demandando expressão. Nesse exemplo, a primeira crença existe em nível profundo no ambiente mental do garoto, com grande carga de energia negativa. A segunda crença está em nível mais superficial e tem carga muito pequena de energia positiva.

A dinâmica dessa situação é interessante e extremamente importante. Começamos afirmando que as crenças controlam nossa percepção das informações. Em circunstâncias normais, o garoto teria ficado perceptivamente cego para a possibilidade de interagir com cachorros, mas a experiência de ver outras crianças brincando com eles criou um conceito com carga positiva em seu ambiente mental, de que nem todos os cachorros são perigosos; alguns podem ser afetuosos. Contudo, ele não fez nada para eliminar o vocábulo "todos" em sua crença de que "todos os cachorros são perigosos", e, até onde sei, as crenças não são capazes de se desativarem por conta própria. Em consequência, as crenças subsistem em nosso ambiente mental até se extinguirem, a menos que façamos alguma coisa consciente para desativá-las. Todavia, nesse cenário, o garoto não desejava e, consequentemente, não tinha motivação para superar o medo. Portanto, ele fica com uma contradição ativa em que sua crença com baixa carga positiva de que nem todos os cachorros são perigosos o torna capaz de brincar com um cachorro, mas sua crença com alta carga negativa de que todos os cachorros são perigosos ainda o leva a experimentar algum medo sempre que encontra um cachorro (talvez não suficiente para levá-lo a correr assustado, porque parte do medo será compensada pela outra crença, mas por certo ainda restará medo suficiente para provocar-lhe grande desconforto).

A capacidade de "vermos" e, portanto, de sabermos que a situação não é perigosa e a possibilidade de, ao mesmo tempo, ficarmos imobilizados pelo medo podem ser muito frustrantes, se não compreendermos que nossas descobertas propiciadas pelo pensamento criativo e que nossas constatações oriundas de uma experiência criativa não deliberada não têm necessariamente energia suficiente para se tornar força dominante em nosso ambiente mental. Em outras palavras, nossa nova conscientização ou descoberta poderia muito bem ser dotada de energia suficiente para atuar como força confiável sobre nossa percepção da informação, induzindo-nos assim a perceber possibilidades que do contrário seriam invisíveis; mas poderia não ter energia suficiente para agir como força confiável sobre nosso comportamento. Ao fazer essa afirmação, estou agindo com base no pressuposto de que precisamos de mais energia para operar ou para nos expressar do que para observar alguma coisa.

Por outro lado, novas conscientizações e descobertas, de imediato e sem esforço, se tornam forças dominantes se nada houver dentro de nós que entre em conflito com elas. Se, porém, não estivermos dispostos a desativar essas forças conflitantes (despendendo algum esforço), especialmente caso tenham carga negativa, agir com base no que descobrimos será no mínimo uma luta, talvez de todo impossível.

O que acabei de descrever é o dilema psicológico que praticamente todos os traders precisam resolver. Digamos que você apreendeu com nitidez a natureza das probabilidades e que, em consequência, "saiba" que a próxima operação é simplesmente mais uma operação numa série de operações com desfecho provável. No entanto, você descobre que ainda está com medo de entrar nessa próxima operação ou que continua suscetível a vários erros de operação decorrentes do medo que analisamos nos capítulos anteriores. Lembre-se de que a causa básica do medo é a propensão a definir e a interpretar as informações do mercado como ameaçadoras. Qual é a fonte de nossa tendência a interpretar as informações do mercado como ameaçadoras? Nossas expectativas! Quando o mercado gera informações que não coincidem com o que esperamos, os ticks para cima e para baixo parecem assumir uma qualidade ameaçadora (ficam com carga negativa). Em consequência, sentimos medo, estresse e ansiedade. Qual é a fonte básica de nossas expectativas? Nossas crenças.

À luz do que você agora compreende sobre a natureza das crenças, se você ainda estiver experimentando estados mentais negativos ao operar, é de supor que haja um conflito entre o que você "sabe" sobre os desfechos prováveis e quaisquer outras crenças em seu ambiente mental que estejam argumentando (demandando expressão) por alguma outra coisa. Lembre-se de que todas as crenças ativas demandam expressão, mesmo que não o queiramos. Para pensar em probabilida-

O IMPACTO DAS CRENÇAS EM TRADING

des, você precisa acreditar que todo momento no mercado é singular ou, mais especificamente, que todo trunfo tem um desfecho singular.

Quando você acredita em nível funcional que todo trunfo tem um desfecho único (significando que é uma crença dominante sem quaisquer outras crenças reivindicando algo diferente), você experimentará, ao operar, um estado mental isento de medo, estresse e ansiedade. E realmente o processo não pode funcionar de outra maneira. O desfecho singular não é algo que já experimentamos; portanto, não é algo que já conhecemos. Se já fosse conhecido, não poderia ser qualificado como único. Quando você acredita que não sabe o que vai acontecer em seguida, o que exatamente você está esperando do mercado? Se você disser "não sei", você estará absolutamente certo. Se você acreditar que algo vai acontecer e que você não precisa saber exatamente o que é essa coisa para ganhar dinheiro, então, onde está a propensão para definir e interpretar as informações de mercado como ameaçadoras e dolorosas? Se você disser "Não há nenhuma", você estará de novo absolutamente certo.

Eis mais um exemplo de como as crenças demandam expressão. Vamos considerar uma situação em que o primeiro encontro de uma criança com um cachorro foi uma experiência muito positiva. Em consequência, a criança não tem absolutamente nenhum problema em interagir com cachorros (aliás, com qualquer cachorro), por não ter encontrado nenhum que tenha sido hostil. Assim, ela não tem conceito (ideia energizada) de que é possível que um cachorro lhe inflija qualquer dano ou lhe imponha uma experiência de dor.

Ao aprender a associar palavras com lembranças, ela provavelmente desenvolverá uma crença mais ou menos na linha de "todos os cachorros são amigáveis e divertidos". Por isso, toda vez que um cachorro entrar em seu campo de consciência, essa crença demandará expressão. Na perspectiva de alguém que teve uma experiência negativa com um cachorro, parecerá que essa criança tem uma atitude de negligência imprudente. Se você tentar convencer a criança de que algum dia ela poderá ser mordida se não for cautelosa, a crença dela a levará a menosprezar ou a desconsiderar completamente o seu conselho. A resposta seria algo como *"De jeito nenhum!"* ou "Isso não pode acontecer comigo".

Digamos que em algum momento da vida ela se aproxime de um cachorro desconhecido que quer ficar em paz. O cão rosna. O aviso passa despercebido e o cachorro ataca a criança. Na perspectiva do sistema de crenças da criança, ela acabou de ter uma experiência criativa. Que efeito terá essa experiência sobre a sua crença de que "todos os cachorros são amigáveis"? Ficará a criança agora com medo de todos os cachorros, como o garoto do primeiro exemplo?

Infelizmente, a resposta a essas perguntas não é breve e direta, porque pode haver outras crenças, também demandando expressão, que não têm nada a ver especificamente com cachorros, mas que podem interferir numa situação como essa. Por exemplo, e se a criança tiver uma crença altamente desenvolvida sobre traição (ela acredita que já foi traída por alguém muito significativo, em situação muito significativa, que a levou a experimentar intensa dor emocional)? Se ela associar o ataque por esse cachorro a uma "traição" por cachorros em geral (em essência, uma traição à sua crença em cachorros), ela poderá facilmente passar a ter medo de todos os cachorros. Toda a energia positiva contida em sua crença original talvez se transforme instantaneamente em energia negativa. Quem sabe a criança até justifique essa mudança com uma racionalização como "Se um cachorro pode me trair, então todos os cachorros também podem".

Contudo, eu realmente acho que essa é uma ocorrência extrema e muito improvável. O mais provável é que a palavra "todos" em sua crença original seja imediatamente desativada e que a energia seja transferida para uma nova crença que reflete melhor a natureza dos cachorros. Essa nova experiência provocou uma mudança de energia que a forçou a aprender algo sobre a natureza dos cachorros que, do contrário, ela se recusava a considerar possível. A crença da criança na afabilidade dos cachorros continua intacta. Ela ainda brincará com cachorros, mas terá o cuidado consciente de discernir indícios de benignidade e malignidade.

Acho que uma verdade fundamental sobre a natureza de nossa existência é que todo momento no mercado, assim como na vida cotidiana, tem elementos do que conhecemos (similaridades) e elementos do que não conhecemos ou não podemos conhecer porque ainda não o ex-

O IMPACTO DAS CRENÇAS EM TRADING

perimentamos. Até treinarmos ativamente nossa mente para esperar desfechos singulares, continuaremos a experimentar somente o que conhecemos; tudo o mais (outras informações e possibilidades que não sejam consistentes com o que conhecemos e esperamos) nos passará despercebido, e será desconsiderado, distorcido, expressamente negado ou contestado. Quando você realmente acreditar que não precisa conhecer, você pensará em probabilidades (a perspectiva do mercado) e não terá motivos para bloquear, desconsiderar, negar ou contestar qualquer coisa que o mercado esteja oferecendo sobre o seu potencial de se mover em qualquer direção específica.

Se você estiver experimentando a qualidade da liberdade mental implícita nessa afirmação, e se for seu desejo fazê-lo, então você deve assumir um papel ativo no treinamento da sua mente para acreditar na singularidade de cada momento, e deve desativar qualquer outra crença que argumente a favor de algo diferente. Esse processo não é em nada diferente do percorrido pelo garoto no primeiro cenário, nem acontecerá por si mesmo. O garoto queria interagir sem medo com cachorros, mas para tanto teve de criar uma nova crença e desativar as crenças conflitantes. Esse é o segredo para alcançar sucesso consistente como trader.

3. As crenças continuam ativas, saibamos ou não conscientemente de sua existência em nosso ambiente mental. Em outras palavras, não precisamos nos lembrar ativamente nem ter acesso consciente a qualquer crença específica para que essa crença atue como força em nossa percepção das informações ou em nosso comportamento. Sei que é difícil "acreditar" que alguma coisa de que nem mesmo nos lembramos ainda possa exercer impacto em nossa vida. Ao refletir a esse respeito, porém, muito do que aprendemos ao longo da vida fica armazenado em nível inconsciente ou subconsciente.

Se eu lhe pedisse para se lembrar de cada habilidade específica que você aprendeu para dirigir um carro com segurança, é provável que você não se lembrasse de tudo em que precisou se concentrar e focar enquanto esteve no processo de aprendizado. A primeira vez que tive a oportunidade de ensinar um adolescente a dirigir, fiquei absolutamente espantado com o quanto tinha de ser aprendido, quanto do processo dei como certo e não mais levava em conta no nível consciente.

Talvez o melhor exemplo que ilustra essa característica seja o da pessoa que dirige sob o efeito de álcool. Em qualquer dia ou noite, há provavelmente milhares de pessoas que beberam tanto, que não têm ideia de que não sabem conscientemente como ir do ponto A para o ponto B. É difícil imaginar como isso é possível, a menos que se considere que as habilidades para dirigir e a crença na própria capacidade de dirigir funcionem automaticamente em nível muito mais profundo que a consciência.

Por certo, alguma porcentagem desses motoristas bêbados se envolvem em acidentes, mas, quando se compara a taxa de acidentes com o número de pessoas que dirigem alcoolizadas, é incrível que não ocorram muito mais acidentes. De fato, a probabilidade de um motorista bêbado provocar acidentes é mais alta quando ele dorme ao volante ou quando depara com algo que exige decisão consciente e reação rápida. Em outras palavras, as condições de direção são tais que operar no nível subconsciente não é suficiente.

Autoavaliação e trading

A maneira como essa característica se aplica às atividades de trading também é muito profunda. O ambiente de trading oferece oportunidades ilimitadas para acumular riqueza. Mas o fato em si de o dinheiro estar disponível e podermos perceber a oportunidade de consegui-lo não significa necessariamente que nós, como indivíduos, temos um senso ilimitado de autoavaliação. Em outras palavras, pode haver uma brecha enorme entre quanto almejamos para nós mesmos, quanto percebemos estar disponível no mercado e quanto efetivamente acreditamos que valemos ou merecemos.

Todos temos senso de autoavaliação. A maneira mais fácil de descrevê-lo é listar todas as crenças ativas, conscientes e subconscientes, capazes de argumentar a favor ou contra a acumulação ou a conquista de níveis de sucesso e prosperidade cada vez mais altos. Combine, en-

O IMPACTO DAS CRENÇAS EM TRADING

tão, a energia das crenças positivas com a energia das crenças negativas. Se você tiver mais energia positiva argumentando a favor do sucesso e da prosperidade, seu senso de autoavaliação é positivo. Do contrário, seu senso de autoavaliação é negativo.

A dinâmica de como essas crenças interagem umas com as outras não é de modo algum tão simples quanto pode parecer à primeira vista. Na verdade, talvez seja tão complexa, que exigiria anos de trabalho mental sofisticado para organizá-la e classificá-la. Basta saber que é quase impossível crescer em qualquer ambiente social e não desenvolver algumas crenças negativas que se oporiam ao sucesso ou ao acúmulo de vastas somas de dinheiro. A maioria dessas crenças de autossabotagem há muito foram esquecidas e agora operam no nível subconsciente, mas o fato de terem sido esquecidas não significa que foram desativadas.

Como desenvolvemos crenças de autossabotagem? Infelizmente, é muito fácil. Provavelmente a maneira mais comum é quando uma criança se envolve em alguma atividade não apreciada pelos pais ou professores e se machuca ao praticá-la. Muitos pais, para convencer a criança, reagirão a essas situações dizendo "Isso (qualquer dor que a criança esteja sentindo) não teria acontecido se você não tivesse merecido" ou "Você me desobedeceu e veja o que aconteceu. Deus castigou você". O problema de fazer ou ouvir afirmações como essas é o risco de a criança associar todo acidente futuro a essas mesmas afirmações e, em consequência, formar a crença de que é uma pessoa que não merece sucesso, felicidade ou amor.

Qualquer sentimento de culpa exerce efeito adverso sobre nossa autoestima. Em geral, culpa se associa a maldade, e a maioria das pessoas acha que a maldade deve ser punida ou que, certamente, não deve ser recompensada. Algumas religiões ensinam às crianças que ter muito dinheiro não é piedoso nem espiritual. Há quem acredite que ganhar dinheiro de certas maneiras é errado, mesmo que seja perfeitamente legal e moral na perspectiva da sociedade. De novo, você talvez não tenha uma lembrança específica de ter aprendido alguma coisa que se oponha ao sucesso que considera possível, mas isso não significa que aquilo que aprendeu não mais esteja tendo efeito nocivo.

A maneira como essas crenças de autossabotagem subconsciente se manifestam em nossas atividades de trading geralmente toma a forma de lapsos de foco ou concentração, acarretando diversos erros, como dar uma ordem de compra em vez de venda ou vice-versa ou se permitir dispersões que o impelem a abandonar a tela, só para descobrir no retorno que você perdeu a grande operação do dia. Trabalhei com muitos traders que alcançaram vários níveis de sucesso consistente, mas acabaram constatando que não conseguem romper certos limites ao construir patrimônio. Eles descobriram uma barreira invisível, mas muito real, semelhante ao proverbial teto de vidro que muitas mulheres executivas experimentam no mundo empresarial.

Sempre que esses traders batiam na barreira, eles sofriam uma perda significativa, independentemente das condições do mercado. No entanto, quando questionados sobre o que aconteceu, eles tendiam a atribuir a repentina onda de azar simplesmente à sorte em si ou aos caprichos do mercado. O curioso é que eles sempre geravam uma *equity curve* (curva de patrimônio líquido) em forte alta, às vezes durante um período de vários meses, e a perda significativa sempre ocorria no mesmo ponto da *equity curve*. Descrevo esse fenômeno psicológico como estar numa "zona negativa". Tão magicamente como o dinheiro flui para a conta de trading quando o trader está em flow, o dinheiro pode escoar da conta de trading com a mesma facilidade se ele estiver numa "zona negativa", na qual questões não resolvidas de autoavaliação influenciam misteriosamente a sua percepção de informações e de comportamentos.

Não estou sugerindo aqui que você desative qualquer crença que se oponha ao seu senso positivo em expansão constante, porque não é esse o caso. Mas é preciso ter consciência da presença dessas crenças e adotar medidas específicas em seu regime de trading para compensá-las quando começarem a se manifestar.

11.
Pensando como trader

SE ME PEDISSEM PARA RESUMIR TRADING à sua maneira mais simples, eu diria que é um jogo de números para reconhecimento de padrões. Usamos análise de mercado para identificar os padrões, definir o risco e determinar quando realizar o lucro. A operação funciona ou não funciona. Em todo caso, avançamos para a próxima operação. É assim tão simples, mas certamente não é fácil. Na verdade, trading é provavelmente a coisa mais difícil que você já tentou fazer. E é assim não porque requeira intelecto; muito pelo contrário! Mas porque quanto mais você acha que sabe, menos bem-sucedido você é. Trading é difícil porque você tem de operar em um estado de não precisar saber, ainda que suas análises, por vezes, possam revelar-se "perfeitamente" corretas. Para operar em um estado de não ter de saber, você precisa gerenciar adequadamente suas expectativas. Para manejar de maneira apropriada suas expectativas, você tem de realinhar seu ambiente mental de modo a acreditar sem sombra de dúvida nas cinco verdades fundamentais.

Neste capítulo, vou propor um exercício de trading que integrará essas verdades sobre o mercado no seu ambiente mental em nível funcional. No processo, vou acompanhá-lo nos três estágios de desenvolvimento de um trader.

O primeiro é o estágio *mecânico*. Nesse estágio você:

1. Construirá a autoconfiança necessária para operar em um ambiente ilimitado;
2. Aprenderá a executar impecavelmente um sistema de trading;
3. Treinará sua mente para pensar em probabilidades (as cinco verdades fundamentais);
4. Desenvolverá uma crença forte e inabalável em sua consistência como trader.

Depois de completar esse primeiro estágio, você pode avançar para o estágio *subjetivo* de trading. Nesse estágio, você usa tudo o que já aprendeu sobre a natureza dos movimentos do mercado para fazer qualquer coisa que você queira fazer. É grande a liberdade nesse estágio, daí a necessidade de aprender a monitorar sua suscetibilidade a cometer os tipos de erros de trading resultantes de quaisquer questões de autoavaliação não resolvidas mencionadas no capítulo anterior.

O terceiro é o estágio *intuitivo*. Operar intuitivamente é o estágio mais avançado do processo de desenvolvimento. É o equivalente em trading à faixa preta em artes marciais. A diferença é que você não pode tentar ser intuitivo, porque a intuição é espontânea. Não decorre do que sabemos no nível racional. A área racional da nossa mente, por sua própria natureza, parece desconfiar da informação recebida de uma fonte que ela não compreende. A sensação de que alguma coisa está a ponto de acontecer é uma forma de conhecimento muito diferente de tudo o que conhecemos racionalmente. Trabalhei com muitos traders que tinham com frequência uma intuição muito forte do que aconteceria em seguida, apenas para serem confrontados pela parte racional deles mesmos, que continuamente propunha outro curso de ação. É evidente que, se tivessem seguido a intuição, teriam alcançado um desfecho muito satisfatório. Em vez disso, o que conseguiam era geralmente muito insatisfatório, sobretudo em comparação com o que de outra forma haviam percebido como possível. A única maneira que conheço de tentar ser intuitivo é trabalhar na configuração de um estado mental mais propício a captar e manejar os seus impulsos intuitivos.

O estágio mecânico

O estágio mecânico do processo de desenvolvimento é o de construção das habilidades de trading (confiança, segurança e pensamento probabilístico) que virtualmente o impelirão a gerar resultados consistentes. Defino resultados consistentes como uma *equity curve* em alta constante, com apenas algumas pequenas baixas, como consequência natural dos trunfos que não funcionaram.

Em vez de encontrar um padrão em que as chances de uma operação ganhadora lhe são favoráveis, gerar uma *equity curve* em alta decorre da eliminação sistemática de quaisquer suscetibilidades que você possa ter aos tipos de medo, de euforia ou de autoavaliação associados aos erros de trading descritos em todo este livro. Eliminar os erros e expandir seu senso de autoavaliação exigirá o desenvolvimento de habilidades que são todas de natureza psicológica.

As habilidades são psicológicas porque cada uma, em sua forma mais pura, é simplesmente uma crença. Lembre-se de que as crenças com que operamos determinarão nosso estado mental e moldarão nossas experiências de maneiras que reforçam constantemente o que já acreditamos ser verdade. Quão verdadeira consideramos uma crença (em relação às condições ambientais) pode ser consequência de quão bem ela nos serve; isto é, de quanto ela nos ajuda a realizar os nossos objetivos. Se o seu objetivo como trader for produzir resultados consistentes, desenvolver uma crença (um conceito consciente e energizado que resiste a mudanças e demanda expressão) de que "*Sou um trader consistentemente bem-sucedido*" atuará como uma fonte primária de energia, que gerenciará suas percepções, interpretações, expectativas e ações, de maneira a satisfazer a crença e, por conseguinte, realizar o objetivo.

O desenvolvimento de uma crença dominante de que "Sou um trader consistentemente bem-sucedido" exige adesão a vários princípios de sucesso consistente. Alguns desses princípios sem dúvida entrarão em conflito direto com algumas das crenças que você já desenvolveu sobre trading. Se for esse o caso, o que você tem é um exemplo clássico de crenças que estão em conflito direto com um desejo.

A dinâmica da energia aqui não é diferente do que era para o garoto que queria ser como as outras crianças que não tinham medo de brincar com cachorros. Ele desejava se expressar de maneira que considerava, ao menos de início, praticamente impossível. Para satisfazer esse desejo, ele tinha de entrar num processo ativo de transformação. A técnica era simples: ele tentava tanto quanto possível ficar focado no que estava querendo realizar, e aos poucos desativou a crença conflitante e fortaleceu a crença que era compatível com o seu desejo.

A certa altura, se esse for o seu desejo, você terá de iniciar o processo de se transformar em um vencedor consistente. Quando se trata de transformação pessoal, os ingredientes mais importantes são a sua disposição para mudar, a clareza de sua intenção e a força do seu desejo. Em última análise, para que esse processo seja eficaz, você tem de escolher consistência em detrimento de qualquer outra motivação ou justificativa para operar nos mercados. Se todos esses ingredientes estiverem presentes o suficiente, então quaisquer que forem os obstáculos internos com que você deparar, o seu desejo acabará prevalecendo.

Observe-se

O primeiro passo no processo de criar consistência é começar a observar o que você está pensando, dizendo e fazendo. Por quê? Porque tudo o que pensamos, dizemos e fazemos como trader contribui e, portanto, reforça alguma crença em nosso sistema mental. Como o processo de se tornar consistente é psicológico por natureza, não deveria ser surpresa que o ponto de partida seja prestar atenção em seus vários processos psicológicos.

A ideia é acabar se tornando observador objetivo dos próprios pensamentos, palavras e atos. Sua primeira linha de defesa para não cometer erros de trading é flagrar-se pensando a esse respeito. Evidentemente, a última linha de defesa é flagrar-se no ato. Se você não se empenhar em se tornar um observador desses processos, suas constatações sempre virão depois da experiência, geralmente quando você já se encontra em estado de profundo arrependimento e frustração.

PENSANDO COMO TRADER

Observar-se objetivamente implica abster-se de julgamentos ou críticas severas em consequência do que você está notando a respeito de si próprio. Talvez esse processo não seja tão fácil para alguns leitores, considerando o tratamento crítico e julgador que possam ter recebido de outras pessoas ao longo da vida. Em consequência, a pessoa aprende rapidamente a associar qualquer erro a dor emocional. Como ninguém gosta de sentir dor emocional, tendemos a não reconhecer durante muito tempo o que aprendemos a considerar erro. Não confrontar os erros na vida cotidiana geralmente não tem as mesmas consequências desastrosas de não admitir nossos erros como traders.

Por exemplo, quando estou trabalhando com operadores de pregão, a analogia que uso para mostrar como é precária a situação deles é lhes pedir para se imaginarem caminhando numa ponte sobre o Grand Canyon. A largura da ponte se relaciona diretamente com o número de contratos com que operam. Assim, por exemplo, para um operador com um contrato a ponte é muito larga, digamos, uns sete metros. Uma ponte com sete metros de largura lhe dará ampla tolerância para erros, de modo que você não precisa ser cuidadoso demais ou se concentrar especialmente em cada passo. No entanto, se por acaso você tropeçar e se precipitar sobre a borda, a queda até o solo será de cerca de 1600 metros.

Não sei quantas pessoas ousariam caminhar numa passarela estreita, sem grade protetora, numa altura de 1600 metros, mas meu palpite é que muito poucas se arriscariam a esse ponto. Do mesmo modo, muito pouca gente assumiria os riscos de operar no pregão em bolsas de futuros. Por certo, um operador de pregão com um único contrato pode causar grandes danos a si mesmo, não muito diferentes dos resultantes da queda de uma ponte com 1600 metros de altura. No entanto, um operador de um contrato também pode criar para si próprio ampla tolerância para erros, imprecisões ou movimentos de mercado incomumente violentos, surpreendendo-o numa posição errada.

Por outro lado, um dos maiores operadores de pregão com quem já trabalhei opera por conta própria com uma posição média de quinhentos contratos futuros de títulos do tesouro (T-Bond) de cada vez. Ele não raro monta posições com bem mais de mil contratos. Uma posição de mil contratos de T-Bonds chega a 31500 dólares por tick (a menor mudança de preço incremental de um contrato). Evidentemente, futuros de T-Bonds podem ser muito voláteis e movimentar vários ticks para cima ou para baixo em questão de segundos.

À medida que se amplia a posição do trader, a largura da nossa ponte sobre o Grand Canyon se estreita. No caso do grande operador de T-Bonds do nosso exemplo, a ponte se estreitou para a largura de um arame fino. Obviamente, ele tem de ser extremamente bem equilibrado e muito focado em cada passo. O mais leve tropeço ou qualquer lufada mais forte o leva a despencar do arame. Parada seguinte, uma queda de 1600 metros.

Agora, em condições de *trading pit*, aquele leve tropeço ou aquela lufada inesperada equivale a uma distração. Isso é tudo, nada mais que um pensamento ou qualquer outra distração significa desviar o foco por apenas um ou dois segundos. Nesse momento de dispersão ele pode perder a última oportunidade favorável para liquidar sua posição. O próximo nível de preços com volume suficiente para sair da operação pode estar a vários ticks de distância, gerando uma grande perda ou obrigando-o a devolver ao mercado uma posição vencedora substancial.

Se a produção de resultados consistentes depende da eliminação de erros, seria um eufemismo dizer que você terá muita dificuldade em alcançar o seu objetivo se não puder reconhecer um erro. Obviamente, isso é algo que muito pouca gente consegue fazer e que explica a razão de haver tão poucos vencedores consistentes. De fato, a tendência de não admitir erros é tão generalizada em toda a humanidade que até poderia levar alguém a supor que se trata de característica inerente à natureza humana. Não acho que seja assim nem acredito que nascemos com a propensão a nos ridicularizar ou nos menosprezar por termos cometido um erro.

Errar é consequência natural de nossa imperfeição e continuará assim até alcançarmos um ponto em que:

1. Todas as nossas crenças estejam em absoluta harmonia com os nossos desejos, e
2. Todas as nossas crenças estejam estruturadas de maneira a serem completamente consistentes com o que funciona, na perspectiva do ambiente.

Obviamente, se nossas crenças não forem consistentes com o que funciona na perspectiva do ambiente, a tendência a errar é alta, se não inevitável. Não perceberemos o conjunto apropriado de passos para alcançar nossos objetivos. Pior ainda, não notaremos que o nosso querer pode não ser factível, ao menos na quantidade que desejamos ou na ocasião em que almejamos.

Por outro lado, erros oriundos de crenças que estão em conflito com os nossos objetivos nem sempre são notórios ou óbvios. Sabemos que atuarão como forças opostas, expressando suas versões da verdade em nossa consciência, o que elas podem fazer de muitas maneiras. O mais difícil é detectar um pensamento dispersivo que leve a um instante de lapso no foco ou na concentração. Na superfície, isso talvez não pareça significativo. Mas, como na analogia da ponte sobre o cânion, quando há muito em jogo, mesmo a mais tênue redução no foco pode resultar em erro de proporções desastrosas. Esse princípio se aplica a trading, a eventos esportivos ou a computação. Quando nossa intenção é nítida e não comprometida por uma energia contrária, nossa capacidade de manter o foco é mais intensa e a probabilidade de alcançarmos o nosso objetivo é mais alta.

Já defini atitude vencedora como expectativa positiva quanto aos nossos esforços, com a aceitação de que, não importam quais sejam, os resultados são produtos diretos de nosso nível de desenvolvimento e de nossa necessidade de aprendizado para sermos mais eficazes. O que distingue os atletas e empreendedores "consistentemente ótimos" de todos os demais é a ausência manifesta do medo de errar. A razão de não sentirem medo é não terem motivo para se subestimarem quando erram, o que significa que não têm um reservatório de energia negativa, prestes a extravasar e a contaminar seu processo de pensamento consciente, como um leão à espreita do momento certo para avançar sobre uma presa inesperada. O que explica essa incapacidade fora do normal de rapidamente superar os erros sem se menosprezar? Uma explicação talvez seja o fato de terem sido educados por pais, professores e tutores extremamente incomuns, que, por suas palavras e atitudes, os ensinaram a corrigir suas imprecisões e equívocos com amor, afeição e aceitação genuínos. Digo "extremamente incomuns" porque muitas pessoas crescem com a experiência contrária, ao serem ensinadas a corrigir suas imprecisões e equívocos com raiva, impaciência e ausência expressa de aceitação. É possível que, no caso de atletas excelentes, suas experiências positivas em relação a erros os tenham levado a desenvolver a crença de que os erros simplesmente lhes mostram em que devem concentrar seus esforços para progredir e melhorar.

Com uma crença como essa, não há fonte de energia negativa e, em consequência, tampouco há fonte de pensamentos destrutivos. No entanto, as demais pessoas, que de fato cresceram experimentando um amontoado de reações negativas às suas ações, naturalmente desenvolverão crenças sobre erros: "Os erros devem ser evitados a todo custo", "Se eu cometo erros, deve haver algum problema comigo", "Devo ser um azarado" ou "Se eu cometo erros, é porque sou uma pessoa horrível".

Lembre-se de que todos os pensamentos, palavras e atos reforçam alguma crença que temos a nosso respeito. Se, por sucessivas autocríticas negativas, cultivarmos a crença de que somos "azarados", essa autoimagem encontrará alguma maneira de se expressar em nossos pensamentos, levando-nos realmente a ficarmos distraídos e a estragarmos tudo; em outras palavras, induzindo-nos a dizer coisas sobre nós mesmos ou sobre outras pessoas (se notarmos as mesmas características nelas), assim como sobre nossas ações, que refletem nossa crença, empurrando-nos a proceder de maneira abertamente autodestrutiva.

Para se tornar um vencedor consistente, os erros não podem ser encarados no tipo de contexto negativo em que são mantidos pela maioria das pessoas. Você deve ser capaz de se monitorar até certo ponto, o que será muito difícil se você tiver a propensão para experimentar dor emocional, se e quando estiver no processo de cometer um erro. Nessa situação, você tem duas alternativas:

1. Você pode desenvolver um novo conjunto de crenças positivas sobre o significado de errar, além de desativar quaisquer crenças negativas que atuem no sentido contrário ou que o levem a se menosprezar ao cometer um erro.
2. Caso você considere indesejável essa primeira escolha, é possível compensar a propensão para errar pela maneira como configura

PENSANDO COMO TRADER

o seu regime de trading. Em outras palavras, caso você queira operar no mercado sem se monitorar, mas ao mesmo tempo queira alcançar resultados consistentes, a solução do dilema será operar exclusivamente no estágio mecânico.

De outra forma, aprender a se monitorar é um processo relativamente simples, depois que você se livra da energia negativa associada a erros. De fato, é fácil. Basta definir por que você quer se monitorar, ou seja, você primeiro precisa ter em mente um propósito claro. Nessas condições, simplesmente comece direcionando a sua atenção para o que você pensa, diz ou faz.

Se e quando você perceber que não está focado no seu objetivo ou nos passos incrementais para realizar o seu objetivo, opte por redirecionar seus pensamentos, palavras ou atos de maneira consistente com o que você está tentando realizar. Repita esse processo de redirecionamento com a frequência necessária. Quanto maior for a persistência com que você se engajar nesse processo, sobretudo se você o fizer com algum grau de convicção, mais rápido você criará uma estrutura mental livre e desembaraçada para funcionar de maneira consistente com os seus objetivos, sem nenhuma resistência de crenças conflitantes.

O papel da autodisciplina

Chamo o processo que acabei de descrever de *autodisciplina*. Defino autodisciplina como uma técnica mental para redirecionar o melhor possível nosso foco de atenção para o objeto de nosso propósito ou desejo, quando esse objetivo ou desejo estiver em conflito com algum outro componente (crença) do nosso ambiente mental.

A primeira coisa a ser observada sobre essa definição é que autodisciplina não é técnica para construir nova estrutura mental. Não é traço de personalidade; as pessoas não nascem imbuídas de autodisciplina. Realmente, considerando minha definição, nascer com autodisciplina nem mesmo é possível. Contudo, como técnica a ser usada no processo de transformação pessoal, qualquer pessoa pode optar por usar autodisciplina.

Eis um exemplo da minha vida que ilustra a dinâmica básica de como essa técnica funciona. Em 1978, decidi que queria ser corredor. Não me lembro exatamente da minha motivação básica, exceto que eu tinha passado os oito anos anteriores num estilo de vida muito sedentário. Eu não praticava nenhum esporte ou hobby, a menos que você considere hobby ver televisão.

Até então, tanto no ensino médio quanto em parte do ensino superior, eu era muito ativo em esportes, especialmente em hóquei no gelo. Contudo, ao sair da faculdade, minha vida evoluiu de tal maneira que ficou muito diferente do que eu esperava. Não era o que eu queria, mas, à época, eu me sentia incapaz de fazer alguma coisa. Isso levou a um período de inatividade, uma forma atenuada de dizer que eu estava em grave depressão.

Novamente, não sei ao certo o que me levou a querer ser corredor (talvez eu tenha visto alguns programas de televisão que despertaram meu interesse). Eu realmente me lembro, porém, de que a motivação era muito forte. Então comprei tênis de corrida, calcei-os e fui correr. A primeira coisa que descobri foi que eu não podia correr. Eu não tinha disposição física para correr mais de cinquenta ou sessenta metros. Fiquei muito surpreso. Eu não sabia, nem jamais teria acreditado, que eu estava tão fora de forma que não conseguia correr nem cem metros. Essa constatação foi tão desanimadora que não tentei correr novamente durante umas duas ou três semanas. Quando voltei a sair, eu ainda não conseguia correr mais de cinquenta ou sessenta metros. Tentei outra vez no dia seguinte, é claro que com o mesmo resultado. Fiquei tão desmotivado com minha péssima condição física que não corri de novo nos quatro meses seguintes.

Estamos agora na primavera de 1979. Mais uma vez, estou decidido a ser corredor, mas ao mesmo tempo me sinto muito frustrado com a minha falta de progresso. Ao contemplar o meu dilema, ocorreu-me que um de meus problemas era não ter um objetivo a ser perseguido. Dizer que eu queria ser corredor era ótimo, mas o que isso significava? Eu realmente não sabia; era muito vago e abstrato. Eu precisava de

PENSANDO COMO TRADER

alguma coisa mais tangível com que trabalhar. Assim, decidi que queria ser capaz de correr oito quilômetros até o fim do verão.

Oito quilômetros pareciam inalcançáveis à época, mas pensar que eu talvez conseguisse esse resultado gerava muito entusiasmo. Essa injeção de ânimo me deu ímpeto suficiente para correr quatro vezes naquela semana. Ao fim da primeira semana, fiquei realmente surpreso ao descobrir que bastava um pouco de exercício para melhorar minha disposição e capacidade para correr um pouco mais a cada vez. Isso aumentou ainda mais o meu entusiasmo. E, assim, comprei um cronômetro e um caderno, a ser usado como diário de corrida. Estabeleci um percurso de pouco mais de três quilômetros e marquei cada quarto de quilômetro. No diário, eu registrava a data, minha distância, meu tempo e como eu me sentia fisicamente cada vez que corria.

Agora eu achava que estava avançando bem para os oito quilômetros, até esbarrar no meu próximo conjunto de problemas. O maior eram as ideias conflitantes e dispersivas que inundavam minha consciência sempre que eu queria sair e correr. Eu ficava espantado com a quantidade (e a intensidade) de razões que eu encontrava para não o fazer: "Está quente (ou) frio lá fora", "Parece que vai chover", "Ainda estou um pouco cansado da última vez que corri (mesmo que tivesse sido três dias antes)", "Ninguém que eu conheço está fazendo isso", ou, a desculpa mais comum, "Sairei assim que acabar esse programa de TV" (é claro que eu nunca saía).

Eu não conhecia nenhuma outra maneira de lidar com essa energia mental conflitante, a não ser redirecionar minha atenção consciente para o que eu estava tentando realizar. Eu queria muito chegar aos oito quilômetros até o fim do verão. Descobri que *às vezes* o meu desejo era mais forte que o conflito. E assim eu conseguia calçar o tênis de corrida, sair de casa e começar a correr. No entanto, com mais frequência, os pensamentos conflitantes e dispersivos me levavam a desistir. De fato, estimo que, no começo, em dois terços das vezes eu não superava a fase de conflito.

O problema seguinte foi que, quando eu estava a ponto de correr quase dois quilômetros, fiquei tão entusiasmado comigo mesmo que me passou pela cabeça que eu talvez precisasse de um reforço para chegar aos oito quilômetros. Raciocinei que, quando conseguisse correr quase cinco quilômetros, ficaria tão satisfeito, que não precisaria realizar o objetivo de correr oito quilômetros. E, assim, estipulei uma regra para mim mesmo. Vamos chamá-la de regra dos oito quilômetros. "Se eu conseguir calçar o tênis e sair, apesar de todos os pensamentos antagônicos, comprometo-me a correr pelo menos um passo a mais do que da última vez." É claro que não haveria problema se eu corresse mais de um passo, mas não podia ser menos de um passo, não importava o motivo. O resultado foi que sempre cumpri a regra e, no fim do verão, cheguei aos oito quilômetros.

Mas então algo realmente interessante e completamente inesperado aconteceu antes de eu chegar lá. À medida que a realização do meu objetivo ficava cada vez mais perto, aos poucos os pensamentos conflitantes começaram a se dissipar. Por fim, desapareceram totalmente. A essa altura, concluí que, se eu quisesse correr, eu era perfeitamente capaz de fazê-lo, sem nenhuma resistência mental, conflito ou pensamentos concorrentes. Considerando a luta que travei, eu estava perplexo, para dizer o mínimo. Resultado: continuei correndo de maneira muito regular nos dezesseis anos seguintes.

Para quem estiver interessado, já não corro tanto agora porque há cinco anos resolvi começar a jogar hóquei no gelo. Hóquei é um esporte extenuante. Às vezes, jogo até quatro vezes por semana. Considerando minha idade (mais de cinquenta) e o nível de esforço necessário, geralmente demoro um ou dois dias para me recuperar, o que não deixa muito tempo para correr.

Agora, se você considerar essas experiências e contextualizá-las no que já compreendemos sobre a natureza das crenças, podemos fazer algumas observações:

1. De início, meu desejo de correr não tinha base de apoio em meu sistema mental. Em outras palavras, não havia outra fonte de energia (um conceito energizado que demanda expressão) consistente com o meu desejo.
2. Eu realmente tinha de fazer alguma coisa para construir essa base de apoio. Desenvolver a crença de que "sou corredor" exigia que eu criasse uma série de experiências consistentes com a nova

crença. Lembre-se de que tudo o que pensamos, dizemos ou fazemos gera energia para alguma crença em nosso sistema mental. Sempre que eu tinha um pensamento conflitante e conseguia focar de novo no meu objetivo, com convicção suficiente para calçar o tênis e sair porta afora, eu adicionava energia à crença de que "sou corredor". E, igualmente importante, sem intenção deliberada, extraía energia de todas as crenças opositoras. Digo sem intenção deliberada porque há várias técnicas destinadas especificamente a identificar e desativar crenças conflitantes, mas, a essa altura, eu ainda não conhecia a dinâmica básica do processo de transformação que eu estava atravessando. Nessas condições, não me ocorreu valer-me dessas técnicas.

3. Agora, espontaneamente (numa perspectiva mental), consigo me expressar como corredor, porque "sou corredor". Esse conceito energizado é agora parte constitutiva da minha identidade. Quando comecei, eu tinha várias crenças conflitantes acerca de correr. Em consequência, eu precisava da técnica da autodisciplina para ser corredor. Hoje, não preciso de autodisciplina porque "corredor" é o que sou. Quando nossas crenças estão completamente alinhadas com os nossos objetivos ou desejos, não há fonte de energia conflitante. Se não há fonte de energia conflitante, tampouco há fonte de pensamentos dispersivos, desculpas, racionalizações, justificativas ou equívocos (conscientes ou subconscientes).

4. As crenças podem ser mudadas, e, se é possível mudar uma crença, também é possível mudar qualquer crença se você compreender que realmente não as está mudando, mas apenas transferindo energia de um conceito para outro. (A forma da crença mirada para mudança continua intacta.) Portanto, duas crenças completamente contraditórias podem coexistir em nosso sistema mental, lado a lado. Mas, se você extraiu energia de uma crença e energizou completamente outra crença, não há contradição, numa perspectiva funcional; apenas a crença carregada de energia será capaz de agir como uma força em seu estado mental, sobre sua percepção e interpretação de informações e sobre o seu comportamento.

O TRADER VENCEDOR

Agora, o único propósito de operar no mercado mecanicamente é transformar-se num trader vencedor consistente. Se houver alguma coisa em seu ambiente mental que esteja em conflito com os princípios de criação da crença de que *sou um trader vencedor consistente*", você terá de recorrer à técnica da autodisciplina para integrar esses princípios como parte funcional dominante da sua identidade. Depois de os princípios se tornarem "quem você é", você não mais precisará de autodisciplina, porque o processo de "ser consistente" será espontâneo.

Lembre-se de que consistência não equivale a montar uma operação vencedora, nem, aliás, a encadear sucessivas operações vencedoras, porque montar uma operação vencedora não requer absolutamente nenhuma habilidade. Basta acertar na adivinhação, o que não é diferente de acertar no cara ou coroa, ao passo que consistência é um estado mental que, uma vez alcançado, não lhe permitirá "ser" de outra maneira. Você não precisará se empenhar em ser consistente, porque a consistência será uma função natural da sua identidade. Com efeito, a necessidade de se esforçar é indicação de que você não integrou completamente os princípios do sucesso consistente como crenças dominantes, não conflituosas.

Por exemplo, predefinir o risco é um passo no processo de "ser consistente". Se for preciso algum esforço especial para predefinir o risco, se você tiver de se lembrar conscientemente de fazê-lo, se você tiver pensamentos conflitantes (em essência, tentar convencê-lo a agir assim), ou se você entrar numa operação em que não predefiniu o risco, esse princípio não é parte funcional dominante de sua identidade. Não é "quem você é". Se fosse, nem lhe ocorreria não predefinir o risco.

Se e quando todas as fontes de conflito tiverem sido desativadas, já não haverá a possibilidade de você "ser" de qualquer outra maneira. O que já foi uma luta agora não envolverá praticamente esforço algum. A essa altura, até pode parecer a outra pessoa que você é muito disciplinado (por ser capaz de fazer alguma coisa que ela acha difícil, se não impossível), mas a realidade é que você não está sendo disciplinado, em absoluto; você está simplesmente atuando com base em um conjunto diferente de crenças que o impele a se comportar de maneira consistente com os seus desejos, metas ou objetivos.

202

Desenvolvendo a crença na consistência

Desenvolver a crença de que *"sou um vencedor consistente"* é o objetivo básico, mas, do mesmo modo como a minha intenção de ser corredor, essa nova crença é ampla e abstrata demais para ser implementada se não for desdobrada em um processo passo a passo. Assim, o que farei é desdobrar essa crença em suas menores partes definíveis e, então, oferecer um plano para integrar cada uma dessas partes como uma crença dominante. As seguintes subcrenças são os blocos de construção que compõem a estrutura básica do que significa "ser um vencedor consistente".

Sou um vencedor consistente porque:
1. **Eu identifico objetivamente os meus trunfos.**
2. **Eu predefino o risco de todas as operações.**
3. **Eu aceito completamente o risco ou me disponho a desistir da operação.**
4. **Eu atuo com os meus trunfos sem reservas ou hesitação.**
5. **Eu me pago à medida que o mercado disponibiliza dinheiro para mim.**
6. **Eu monitoro continuamente minha propensão a cometer erros.**
7. **Eu compreendo perfeitamente a necessidade desses princípios de sucesso consistente e, portanto, nunca os transgrido.**

Essas crenças são os sete princípios da consistência. Integrar esses princípios em seu sistema mental em nível funcional exige que você deliberadamente crie uma série de experiências consistentes com eles. Isso não é diferente da situação do garoto que queria brincar com cachorros ou do meu desejo de ser corredor. Antes de conseguir brincar com um cachorro, o garoto primeiro teve de fazer várias tentativas, apenas para se aproximar de um. Finalmente, quando mudou o equilíbrio de energia em seu sistema mental, ele conseguiu brincar com cachorros sem nenhuma resistência interna. Para ser corredor, tive de criar a experiência de correr, a despeito de tudo em meu interior que argumentava em contrário. Por fim, à medida que a energia se deslocava

O TRADER VENCEDOR

cada vez mais em favor dessa nova definição de mim mesmo, correr se tornava para mim uma expressão natural da minha identidade.

Obviamente, o que estamos tentando realizar aqui é muito mais complexo do que ser corredor ou afagar um cachorro, mas as dinâmicas básicas dos processos são idênticas. Começamos com um objetivo específico. O primeiro princípio da consistência é a crença "Eu identifico objetivamente os meus trunfos". A palavra-chave aqui é *objetivamente*. Ser objetivo significa que não há propensão para definir, interpretar e, portanto, perceber qualquer informação do mercado a partir de uma perspectiva dolorosa ou eufórica. A maneira de ser objetivo é operar com base em crenças que mantêm suas expectativas neutras e sempre levar em conta as forças desconhecidas.

Lembre-se: você tem de treinar a sua mente especificamente para ser objetiva e para manter o foco no "flow de oportunidades do momento presente". Nossa mente não foi configurada naturalmente para pensar dessa maneira; portanto, para ser um observador objetivo, você precisa aprender a pensar sob a perspectiva do mercado. Sob a perspectiva do mercado, sempre há forças desconhecidas (traders) esperando para agir com base no movimento dos preços. Logo, sob a perspectiva do mercado, "cada momento é verdadeiramente único", ainda que o momento possa parecer, soar e se fazer sentir exatamente da mesma maneira que algum outro momento armazenado em seu banco de memória.

Ao concluir ou presumir que sabe o que acontecerá em seguida, você automaticamente esperará estar certo. Contudo, o que você sabe, pelo menos no nível racional, só pode levar em conta o seu passado singular, que talvez não tenha nenhuma relação com o que efetivamente está acontecendo, na perspectiva do mercado. A essa altura, qualquer informação do mercado que não seja consistente com as suas expectativas pode ser definida e interpretada como dolorosa. Para não sentir essa dor, sua mente compensará automaticamente, com mecanismos conscientes e subconscientes de bloqueio da dor, quaisquer diferenças entre o que você espera e o que o mercado está oferecendo.

O que você experimentará geralmente é referido como "ilusão". Em estado de ilusão, você não é objetivo nem está conectado ao "flow de oportunidades do momento presente". Em vez disso, você fica suscetível

PENSANDO COMO TRADER

a cometer todos os erros típicos de trading (hesitar, precipitar-se, não predefinir o risco, definir o risco mas se recusar a assumir a perda e deixar que a operação se converta em perdedora ainda maior, sair cedo demais de uma operação vencedora, mover um stop para mais perto do ponto de entrada, ser ejetado e ver o mercado voltar a operar a seu favor, ou operar com uma posição grande demais em relação ao seu patrimônio). As cinco verdades fundamentais sobre o mercado manterão as suas expectativas neutras, direcionarão sua mente para o "flow de oportunidades do momento presente" (dissociando o momento presente do seu passado) e, portanto, eliminarão a sua propensão a cometer esses erros.

Quando você parar de cometer erros de trading, você começará a confiar em si mesmo. À medida que aumenta o seu senso de autoconfiança, também aumentará o seu senso de autossegurança. Quanto maior for a sua segurança, mais fácil será executar as suas operações (explorar os seus trunfos sem reservas ou hesitações). As cinco verdades também lhe propiciarão um estado mental em que você aceitará genuinamente os riscos de trading. Quando você aceitar genuinamente os riscos, você ficará em paz com qualquer desfecho. Quando você ficar em paz com qualquer desfecho, você experimentará um estado mental objetivo e despreocupado, em que irá se predispor a perceber e a operar com base no que o mercado estiver lhe oferecendo (na perspectiva dele) a qualquer "momento presente".

O primeiro objetivo é integrar como crença dominante "Eu identifico objetivamente os meus trunfos". O desafio agora é como chegar lá. Como se transformar em uma pessoa capaz de pensar consistentemente sob a perspectiva do mercado?

O processo de transformação começa com o seu desejo e a sua disposição para redirecionar o foco no objetivo almejado (autodisciplina). Desejo é força. Ele não tem de coincidir ou concordar com qualquer coisa que você hoje acredite ser verdade sobre a natureza da atividade de trading. Um desejo claro voltado diretamente para um objetivo específico é uma ferramenta muito poderosa. Você pode usar a força do seu desejo para construir uma versão ou dimensão inteiramente nova da sua identidade; deslocar a energia entre dois ou três conceitos conflitantes; ou mudar o contexto ou a polaridade de suas lembranças de negativo para positivo.

205

O TRADER VENCEDOR

Estou certo de que você conhece a expressão em inglês *"make up your mind"*, que basicamente significa "tome uma decisão", "decida--se". A implicação de "tomar uma decisão", "decidir-se", é que definimos exatamente o que desejamos com tanta clareza (sem dúvidas remanescentes) e com tanta convicção, que literalmente nada atrapalha ou embaraça o nosso caminho, no âmbito interno ou externo. Se houver força suficiente por trás de nossa resolução, é possível experimentar uma mudança virtualmente instantânea em nossa estrutura mental. Desativar conflitos internos não depende do tempo; é um desejo de natureza funcional, com foco numa função (ainda que possa demorar muito tempo até chegarmos ao ponto em que realmente "arrumamos a nossa mente", que é a tradução literal de *"make up our minds"*). De outra forma, na ausência de clareza e convicção extremas, a técnica da autodisciplina, com o passar do tempo, fará o trabalho com muita eficácia (se, evidentemente, você estiver disposto a usá-la).

Para chegar lá, é preciso "tomar a decisão" — com o máximo de clareza e convicção — de que, mais que qualquer outra coisa, você deseja consistência (o estado mental de confiança, segurança e objetividade) em suas atividades de trading. Isso é imprescindível porque, se você for como a maioria dos traders, terá de lidar com enormes forças internas entrando em conflito umas com as outras. Por exemplo, caso você esteja operando nos mercados para ficar chapado com a euforia de fazer uma grande jogada, para impressionar a família e os amigos, para ser um herói, para saciar um vício de recompensas inesperadas, para estar certo em suas previsões, ou por qualquer outra razão que não tenha nada a ver com ser consistente, então você descobrirá que a intensidade dessas outras motivações não só tornará extremamente difícil o exercício de trading que vou lhe passar daqui a pouco, mas também até poderá impedi-lo de fazer o exercício.

Lembra-se do garoto que não desejava ser como as outras crianças e interagir com cachorros? Em essência, ele resolveu conviver com a contradição ativa entre a crença com baixa positividade de que nem todos os cachorros são perigosos e a crença profunda, com alta negatividade, de que todos os cachorros são perigosos. Ele era capaz de perceber certos cachorros como amigáveis, mas ao mesmo tempo achava impossível inte-

206

ragir com eles. A menos que ele queira mudar a situação, o desequilíbrio de energia entre essas duas crenças se manterá intacto por toda a vida.

Até para iniciar esse processo, é preciso que você almeje a consistência com tanta intensidade, que esteja disposto a renunciar a todas as outras razões, motivações ou agendas em trading que não sejam compatíveis com o processo de integrar as crenças que propiciam operações vencedoras consistentes. Um desejo claro e intenso é pré-requisito absoluto para que esse esforço de transformação seja eficaz.

Exercício: Aprendendo a operar um trunfo como num cassino

O objetivo deste exercício é convencê-lo de que trading é apenas um simples jogo de probabilidades (números) não muito diferente de puxar a alavanca de um caça-níqueis. No nível micro, os desfechos de cada trunfo são ocorrências independentes e aleatórias entre si. No nível macro, os desfechos de uma série de operações produzem resultados consistentes.

Sob uma perspectiva de probabilidades, isso significa que, em trading, em vez de ser o jogador de caça-níqueis, você pode ser o cassino se:

1. Você tiver um trunfo que genuinamente ponha as chances de sucesso a seu favor;
2. Você pensar em trading da maneira adequada (as cinco verdades fundamentais); e
3. Você fizer tudo o que é preciso em uma série de operações.

PREPARANDO O EXERCÍCIO

Selecione um mercado. Escolha ações ou contratos de futuros muito negociados para operar. Não importam quais sejam, desde que tenham liquidez e que as exigências de margem lhe sejam acessíveis para pelo menos trezentas ações ou três contratos de futuros por operação.

Defina um conjunto de variáveis de mercado que caracterizem um trunfo. Pode ser qualquer sistema de trading de sua preferência. Esse sistema ou metodologia de trading pode ser matemático, mecânico ou visual (baseado em padrões de gráficos de preços). Não importa se você o desenvolveu pessoalmente ou o comprou de um fornecedor, tampouco é necessário que você se alongue ou seja exigente demais na tentativa de desenvolver ou encontrar o sistema mais eficaz e exato. Esse exercício não é sobre desenvolvimento de sistemas nem é uma avaliação de sua capacidade analítica.

Na verdade, as variáveis que você escolher até podem ser consideradas medíocres pelos padrões da maioria dos traders, porque o que você vai aprender com esse exercício não depende de ganhar ou perder dinheiro. Encarando esse exercício como uma despesa educacional, você reduzirá o tempo e o esforço que de outra forma poderia despender em busca dos trunfos mais lucrativos.

Para quem estiver em dúvida, não farei recomendações específicas sobre sistemas ou variáveis a serem usados, pois presumo que a maioria dos leitores deste livro já seja bem instruída em análise técnica. Se você precisar de ajuda adicional, há centenas de livros disponíveis sobre esse tema, assim como fornecedores de sistemas ansiosos por vender seus produtos e ideias. No entanto, qualquer que seja o sistema escolhido, ele deve se encaixar nas seguintes especificações:

Entrada na operação. As variáveis que você usar para definir o seu trunfo precisam ser absolutamente exatas. O sistema deve ter sido projetado para não exigir decisões ou avaliações subjetivas sobre a presença do trunfo. Se o mercado estiver alinhado conforme as variáveis rígidas do seu sistema, você tem uma operação; senão, você não tem uma operação. Ponto! Nenhum outro fator estranho ou aleatório pode entrar na equação.

Saída de stop-loss. As mesmas condições se aplicam à saída de uma operação que não está dando certo. Sua metodologia precisa indicar *exatamente* quanto você precisa arriscar para saber se a operação vai funcionar. Há sempre um ponto ótimo em que a probabilidade de uma operação funcionar é tão diminuta, especialmente em relação ao potencial de lucro, que é melhor assumir o prejuízo e esvaziar a mente para operar com o próximo trunfo. Deixe que a estrutura do mercado determine onde se situa esse ponto ótimo, em vez de usar uma quantia arbitrária em dólar que você esteja disposto a arriscar numa operação.

Em todo caso, não importa o sistema que você escolher, ele precisa ser absolutamente exato, não envolvendo decisões subjetivas. Mais uma vez, nenhuma variável estranha ou aleatória pode entrar na equação.

Período de tempo. Sua metodologia pode adotar qualquer período de tempo que lhe parecer conveniente, mas todos os sinais de entrada e saída devem situar-se no mesmo período. Por exemplo, se você usar variáveis que identifiquem determinado padrão de suporte e resistência em um gráfico de barras de trinta minutos, seus cálculos de objetivos de risco e lucro também devem ser efetuados em um período de trinta minutos.

No entanto, operar em um período de tempo não o impede de adotar outros períodos de tempo como filtros. Por exemplo, você pode usar como filtro a regra de só operar na direção da tendência principal. Um velho axioma de trading ensina que *"the trend is your friend"* ["a tendência é sua amiga"]. Em outras palavras, a maior probabilidade de sucesso ocorre quando você opera na direção da tendência principal, se houver alguma. De fato, a operação de mais baixo risco, com a mais alta probabilidade de sucesso, ocorre quando você compra *dips* [pequena queda nos preços, em mercado com tendência de alta — suporte] ou vende *rallies* [rápido aumento nos preços, em mercado com tendência de baixa — resistência].

Para ilustrar como essa regra funciona, digamos que você tenha escolhido uma maneira exata de identificar padrões de suporte e resistência em um período de tempo de trinta minutos. A regra é que você só deve operar na direção da tendência principal. Uma tendência de mercado é uma série de altas mais altas e de baixas mais altas, num mercado em alta, ou uma série de altas mais baixas ou de baixas mais baixas, num mercado em baixa. Quanto mais longo for o período de tempo, mais significativa será a tendência; assim, uma tendência de

O TRADER VENCEDOR

mercado num gráfico de barras de um dia é mais significativa que uma tendência de mercado num gráfico de barras de trinta minutos. Portanto, a tendência no gráfico de barras diário teria precedência sobre a tendência no gráfico de barras de trinta minutos e seria considerada a tendência principal.

Para determinar a direção da tendência principal, veja o que está acontecendo no gráfico de barras diário. Se a tendência for de alta no gráfico diário, você só vai procurar um *sell-off* [venda rápida] ou um *retracement* [reversão temporária] para o ponto que o seu trunfo define como nível de suporte no gráfico de trinta minutos. É o momento em que você se tornará comprador. Por outro lado, se a tendência for de baixa no gráfico diário, você só procurará um *rally* [alta breve e acentuada] para o ponto que o seu trunfo define como nível de resistência no gráfico de trinta minutos. É quando você se tornará vendedor.

Seu objetivo é determinar, em um mercado com tendência de baixa, até que ponto pode chegar um *rally* intradiário sem violar a simetria da tendência mais longa. Em um mercado com tendência de alta, seu objetivo é determinar até que ponto pode chegar um *sell-off* intradiário sem violar a simetria da tendência mais longa. Geralmente, o risco é muito baixo nesses pontos de suporte e resistência intradiários, porque você não precisa deixar o mercado ir muito além deles para indicar que a sua operação não está funcionando.

Realizando o lucro. Acredite ou não, de todas as habilidades necessárias para ser um trader vencedor consistente, realizar o lucro é provavelmente a mais difícil de dominar. Diversos fatores psicológicos pessoais, geralmente muito complexos, assim como a eficácia de suas análises de mercado, entram na equação. Infelizmente, resolver essa complexa matriz de questões vai muito além do escopo deste livro. Enfatizo esse aspecto para que os leitores que talvez tendam a se punir por deixar dinheiro na mesa relaxem e façam uma pausa. Mesmo após desenvolverem todas as outras habilidades, talvez só depois de muito tempo cheguem a dominar essa última competência.

Não se desespere. Há uma maneira de adotar um regime de realização do lucro capaz de pelo menos alcançar o objetivo do quinto princí-

PENSANDO COMO TRADER

pio da consistência ("Eu me pago à medida que o mercado disponibiliza dinheiro para mim"). Para desenvolver a crença em si mesmo como vencedor consistente, você terá de passar por experiências que reforcem essa crença. Como o objetivo são vitórias consistentes, realizar o lucro de operações vencedoras é de extrema importância.

Essa é a única parte do exercício em que você terá algum grau de arbítrio sobre o que fazer. A premissa básica é que, numa operação vencedora, você nunca sabe até que ponto o mercado continuará favorável a você. Os mercados raramente seguem em alta constante ou em baixa constante. (Muitas das ações de internet da Nasdaq no outono de 1999 foram uma exceção óbvia a essa afirmação.) Tipicamente, os mercados sobem e depois revertem parte do movimento de alta; ou descem e depois revertem parte do movimento de baixa.

Essas reversões proporcionais podem tornar muito difícil a preservação de uma operação vencedora. Você teria de ser um analista extremamente sofisticado e objetivo para fazer a distinção entre uma reversão normal, quando o mercado ainda tem o potencial de se movimentar na direção original da sua operação, e uma reversão que não é normal, quando o potencial de prosseguir na direção original da sua operação é muito reduzido, se não inexistente.

Se você nunca sabe até que ponto o mercado seguirá na sua direção, quando e como, então, você realizará o lucro? A questão de como é função da sua capacidade de ler o mercado e de escolher os pontos de stop mais prováveis. Na falta de habilidade para fazer isso com objetividade, o melhor curso de ação, sob uma perspectiva psicológica, é dividir sua posição em terços (ou quartos) e sair da posição à medida que o mercado se movimenta a seu favor. Se você estiver operando com contratos de futuros, sua posição mínima para uma operação é de ao menos três (ou quatro) contratos. No caso de ações, a posição mínima é qualquer número de ações divisível por três (ou quatro), de modo que você não acabe com um número ímpar.

Eis como saio de uma operação vencedora. Quando comecei a operar no mercado, sobretudo nos primeiros três anos (de 1979 a 1981), eu analisava com regularidade todos os resultados de minhas atividades de trading. Uma das coisas que descobri foi que raramente eu era ejetado de uma operação por um stop-loss sem que o mercado primeiro seguisse pelo menos um pouco na minha direção. Em média, somente uma em cada dez operações era perdedora desde o início sem nunca ter ido na minha direção. Das outras 25% a 30% das operações que acabavam perdendo, o mercado geralmente avançava na minha direção três ou quatro ticks antes de reverter e me ejetar com um stop. Calculei que, se eu criasse o hábito de tirar pelo menos um terço de minha posição original sempre que o mercado percorresse esses três ou quatro ticks, no fim do ano os ganhos acumulados pagariam grande parte das minhas despesas. Eu estava certo. Até hoje, sempre, sem reservas ou hesitação, tiro uma parte de minha posição vencedora toda vez que o mercado me oferece alguma coisa. O tamanho dessas retiradas depende do mercado; é uma quantia diferente em cada caso. Por exemplo, em futuros de títulos do tesouro, resgato um terço de minha posição quando recebo quatro ticks. Em futuros de S&P, tiro um terço para um lucro de um e meio a dois pontos.

Numa operação com T-Bonds, geralmente não arrisco mais do que seis ticks para descobrir se a operação vai funcionar. Usando como exemplo uma operação com três contratos, eis como trabalho: se entro numa posição e o mercado se volta contra mim sem antes me dar pelo menos quatro ticks, sou ejetado da operação com uma perda de dezoito ticks, mas, como já indiquei, isso não acontece com frequência. O mais provável é que a operação de início corra um pouco a meu favor, com uma pequena quantia, antes de reverter. Se ela me for favorável por pelo menos quatro ticks, tiro esses quatro ticks de um contrato. O que fiz foi reduzir meu risco total nos outros dois contratos em dez ticks. Se o mercado, então, me ejetar dos últimos dois contratos, a perda líquida na operação é de apenas oito ticks.

Se eu não for ejetado dos últimos dois contratos e o mercado se movimentar na minha direção, retiro o terço seguinte da posição com um objetivo de lucro predeterminado. Isso se baseia em algum suporte ou resistência para um período de tempo mais longo, ou no teste de uma alta ou baixa anterior significativa. Quando realizo o lucro do segundo terço, também movimento o stop-loss para o meu ponto de entrada original. Agora tenho lucro líquido na operação, não importa o que ocorra com o último terço da posição.

Em outras palavras, agora tenho uma "oportunidade livre de risco". Não posso enfatizar bastante nem pode o editor deste livro aumentar o suficiente o tamanho das letras neste trecho para destacar como é importante para você apreciar a sensação de uma "oportunidade livre de risco". Quando você perceber uma situação em que há uma "oportunidade livre de risco", não há como perdê-la, a menos que ocorra algo extremamente incomum, como um limite superior ou um limite inferior que se movimente para o seu stop. Se, em circunstâncias normais, não houver como perder, você realmente tem de experimentar a sensação de estar numa operação em estado mental despreocupado e descontraído.

Para ilustrar esse ponto, imagine que você esteja numa operação vencedora; o mercado fez um movimento bastante significativo em sua direção, mas você não realizou nenhum lucro porque achava que o mercado iria ainda mais longe. Contudo, em vez de seguir na mesma direção, o mercado reverteu todo o avanço anterior para um ponto muito próximo do seu ponto de entrada original. Você entra em pânico e, em consequência, liquida a operação, por não querer que uma operação até então vencedora se converta em perdedora. Mas, assim que você se retira, o mercado ricocheteia para o que teria sido uma operação vencedora. Se tivesse garantido algum lucro, escalonando a saída, de modo a criar uma oportunidade livre de risco, é muito improvável que você tivesse entrado em pânico ou ficado estressado e ansioso.

Ainda resta um terço da minha posição. E agora? Procuro o lugar mais provável de o mercado parar. É geralmente uma alta ou uma baixa significativa em um período de tempo mais longo. Ponho minha ordem de liquidação pouco abaixo desse lugar, numa posição coberta, e pouco acima desse lugar, numa posição a descoberto. Ponho a ordem pouco abaixo ou pouco acima porque não me importo em espremer o último tick para fora da operação. Descobri ao longo dos anos que não vale a pena fazer isso.

Outro fator a ser considerado é o seu índice risco-recompensa. O índice risco-recompensa é a relação entre o valor monetário do risco assumido e o valor monetário do lucro potencial. O ideal é que o índice risco-recompensa seja de pelo menos 1:3, ou seja, você arrisca apenas um dólar para cada três dólares de lucro potencial. Se o seu trunfo e as suas saídas escalonadas gerarem um índice risco-recompensa de 1:3, a sua proporção de operações vencedoras poderá ser inferior a 50%, e você ainda ganhará dinheiro consistentemente.

Um índice risco-recompensa de 1:3 é ideal. Contudo, para os propósitos deste exercício, não importa qual seja esse índice, nem importa a eficácia de suas saídas escalonadas, desde que você as escalone. Faça o melhor possível para gerar níveis de lucro razoáveis quando o mercado propiciá-los. Todas as parcelas de uma operação de que você extrair lucro contribuirão para a sua crença de que você é um vencedor consistente. Todos os números acabarão se alinhando melhor à medida que se fortalece sua crença na sua capacidade de se tornar consistente.

Operar em tamanhos de amostra. O trader típico praticamente vive ou morre (emocionalmente) com base no resultado das operações mais recentes. Se ela for vencedora, ele alegremente passará para a próxima operação; caso contrário, ele começará a questionar a viabilidade do seu trunfo. Para descobrir quais variáveis funcionam, quão bem funcionam, e quais não funcionam, precisamos de uma abordagem sistemática, um método que não considere variáveis aleatórias. Por conseguinte, temos de expandir nossa definição de sucesso ou fracasso, da perspectiva limitada de operações isoladas do trader típico para um tamanho de amostra de vinte operações ou mais.

Qualquer trunfo de sua escolha se baseará em algum número limitado de variáveis do mercado ou de relações entre essas variáveis que medem o potencial do mercado de se mover para cima ou para baixo. Na perspectiva do mercado, cada trader capaz de montar ou desmontar uma operação pode agir como força sobre o movimento dos preços e é, portanto, uma variável do mercado. Nenhum trunfo ou sistema técnico pode levar em conta a atuação de todos os traders e suas razões para entrar ou sair de uma operação. Portanto, qualquer conjunto de variáveis do mercado que defina um trunfo é como um instantâneo de alguma coisa muito fluida, que capta apenas uma parcela limitada de todas as possibilidades.

Quando você atua no mercado com qualquer conjunto de variáveis, elas talvez funcionem muito bem durante um período bastante longo,

PENSANDO COMO TRADER

mas, tempos depois, você talvez descubra que essas variáveis já não são tão eficazes. Isso ocorre porque a dinâmica básica das interações entre todos os participantes do mercado está em constante mutação. Novos traders entram no mercado, com ideias diferentes do que é alto e baixo, e outros traders saem do mercado. Aos poucos, essas mudanças afetam a dinâmica básica dos movimentos do mercado. Nenhum instantâneo (conjunto rígido de variáveis) pode levar em conta essas mudanças sutis.

Você pode compensar essas mudanças sutis na economia básica dos movimentos do mercado e ainda manter uma abordagem consistente ao operar com tamanhos de amostras. Seu tamanho de amostra tem de ser grande o bastante para submeter as suas variáveis a um teste justo e adequado, mas ao mesmo tempo pequeno o bastante para que, caso sua eficácia diminua, você possa ajustá-la antes de perder grandes quantias. Descobri que um tamanho de amostra de pelo menos vinte operações preenche esses dois requisitos.

Testes. Depois de escolher um conjunto de variáveis que cumprem essas especificações, é preciso testá-las para ver até que ponto são eficazes. Quem tiver software adequado para esse trabalho provavelmente já estará familiarizado com os procedimentos. Quem não tiver pode testar suas variáveis com *forward performance testing* ou contratar um serviço de testes. Se você precisar de recomendações de um serviço de testes, procure-me em *markdouglas.com* ou *tradinginthezone.com* para referências. Em todo caso, lembre-se de que o objetivo do exercício é usar trading como meio para aprender a pensar objetivamente (na perspectiva do mercado), como se você fosse um operador de cassino. Neste momento, o desempenho final do seu sistema não é muito importante, mas é relevante que você tenha uma boa ideia do que pode esperar de um índice de ganhos e perdas (o número de operações vencedoras em relação ao número de operações perdedoras para o tamanho de sua amostra).

Aceitando o risco. Um requisito deste exercício é que você saiba de antemão exatamente qual é o seu risco em cada operação de sua amostra de vinte operações. Como você agora já sabe, conhecer o risco e aceitar o risco são duas coisas diferentes. Quero que você fique o mais à vontade possível com o valor monetário do risco que está assumindo neste exercício. Como o exercício requer que você use uma amostra de vinte operações, o risco potencial é que você tenha prejuízo em todas as vinte operações. Esse é evidentemente o pior cenário. É uma ocorrência tão provável quanto a de que você ganhe em todas as vinte operações, ou seja, não é muito provável. No entanto, é uma possibilidade. Portanto, você deve configurar o exercício de maneira a aceitar o risco (em valor monetário) de perder em todas as vinte operações.

Por exemplo, se estiver operando com futuros de S&P, seu trunfo talvez exija que você arrisque três pontos inteiros por contrato para descobrir se a operação vai funcionar. Como o exercício requer que você negocie um mínimo de três contratos por operação, o valor monetário total do risco por operação é de 2250 dólares se você usar contratos grandes. O valor monetário total do risco, se você perder em todas as vinte operações, é de 45 mil dólares. Talvez você não se sinta confortável em arriscar 45 mil dólares neste exercício.

Caso você não se sinta tranquilo, é possível reduzir o valor monetário do risco operando com minicontratos de S&P (E-Mini). O valor monetário deles é um quinto do de grandes contratos; assim, o valor monetário total do risco por operação se reduz para 450 dólares, e o valor monetário acumulado do risco para as vinte operações é de 9 mil dólares. Você pode agir da mesma maneira se estiver operando com ações: continue reduzindo o número de ações por operação, até chegar ao ponto de se sentir à vontade com o risco total de todas as vinte operações.

O que não quero que você faça é mudar seus parâmetros de risco estabelecidos para satisfazer seus níveis de conforto. Se, com base em suas pesquisas, você tiver determinado que um risco de três pontos na S&P é a distância ótima a ser percorrida pelo mercado contra o seu trunfo, para indicar-lhe que não vale persistir na posição, deixe-a então em três pontos. Só altere essa variável se a mudança se justificar na perspectiva de uma análise técnica.

Se você tiver feito tudo o que foi possível para reduzir o tamanho da sua posição e descobrir que ainda não se sente à vontade com o

216

valor monetário total de perder em todas as vinte operações, então lhe sugiro fazer o exercício com um serviço de corretagem simulado. Nesse caso, tudo sobre o processo de entrar e sair de operações, inclusive relatórios de execução e notas de corretagem, é exatamente igual ao de uma corretora real, exceto quanto ao fato de que as operações não são de fato executadas no mercado. Por conseguinte, você efetivamente não tem nenhum dinheiro em risco. Um serviço de corretagem simulado é uma excelente ferramenta para se exercitar em tempo real, sob as verdadeiras condições do mercado; é também um excelente meio para o *forward performance testing*, ou *paper trading*, de um sistema de operação.

Fazendo o exercício. Quando você tem um conjunto de variáveis que correspondem às especificações descritas, sabe exatamente qual será o custo de avaliar a eficácia de cada operação, tem um plano para realizar o lucro e conhece o índice de ganhos e perdas prováveis do tamanho da amostra, você então está pronto para começar o exercício.

As regras são simples: opere o sistema exatamente como você o projetou. Isso significa que você precisa se comprometer em operar pelo menos nas vinte ocorrências subsequentes do seu trunfo — não apenas a próxima operação nem o próximo par de operações, mas todas as vinte, não importam quais sejam. Você não pode mudar de rumo, usar ou se deixar influenciar por quaisquer outros fatores estranhos, nem mudar as variáveis que definem o seu trunfo, até ter completado todo o tamanho da amostra.

Ao configurar o exercício com variáveis rígidas que definem o seu trunfo, com chances relativamente fixas e o compromisso de executar todas as operações da amostra, você cria um regime de trading que reproduz o funcionamento de um cassino. Por que será que os cassinos geram lucros consistentes com uma sucessão de eventos que têm desfechos aleatórios? Porque eles sabem que, numa série de eventos, as chances lhes são favoráveis. Também sabem que, para realizar os benefícios das chances favoráveis, eles precisam participar de todos os eventos. Eles não podem se envolver num processo de escolher as rodadas de blackjack, os giros de roleta ou os lançamentos de dados de que vão participar, na tentativa de prever o desfecho de cada um desses eventos.

Se você acredita nas cinco verdades fundamentais e compreende que trading é apenas um jogo de probabilidades, não muito diferente de puxar a alavanca de um caça-níqueis, você verá que este exercício não lhe exigirá muito esforço, porque o desejo de cumprir o compromisso de executar todas as operações da amostra, de um lado, e a crença na natureza probabilística da atividade de trading, de outro, estarão em completa harmonia. Portanto, você não terá pensamentos de medo, resistência ou distração. O que o impediria de fazer exatamente o que for necessário fazer, quando for preciso fazer, sem reservas ou hesitação? Nada!

Por outro lado, se isso ainda não lhe passou pela cabeça, este exercício provocará uma colisão frontal entre, de um lado, seu desejo de pensar objetivamente em probabilidades e, de outro, todas as forças em seu interior que entram em conflito com esse desejo. O grau de dificuldade com que você deparar ao fazer este exercício será diretamente proporcional à intensidade desse conflito. Não importa a medida adotada, você experimentará o oposto exato do que descrevi no parágrafo anterior. Não se surpreenda se você considerar suas primeiras duas tentativas de fazer este exercício virtualmente impossíveis.

Como lidar com esses conflitos? Monitore-se e use a técnica da autodisciplina para restabelecer o foco no seu objetivo. Anote as cinco verdades fundamentais e os sete princípios da consistência, e mantenha essas anotações diante de você toda vez que estiver operando no mercado. Repita-as para você mesmo, frequentemente, com convicção. Ao perceber que você está pensando, dizendo ou fazendo alguma coisa incompatível com essas verdades e princípios, reconheça o conflito. Não tente negar a existência de forças conflitantes. Elas são apenas partes da sua psique que estão compreensivelmente se manifestando em prol de suas versões da verdade.

Quando isso acontecer, volte a se concentrar exatamente no que você está tentando realizar. Se o seu propósito é pensar de forma objetiva, rompa o processo de associação (para se manter no "flow de oportunidades do momento presente"); transponha seus medos de estar errado, de perder dinheiro, de desprezar oportunidades e de deixar dinheiro na mesa (de modo a parar de cometer erros e passar a confiar em si mesmo), e assim você saberá exatamente o que precisa fazer. Siga as regras do seu regime de trading o melhor possível. Ao agir em absoluta conformidade com as suas regras e ao manter o foco nas cinco verdades fundamentais, você acabará resolvendo todos os seus conflitos sobre a verdadeira natureza das operações de mercado.

Sempre que você efetivamente fizer alguma coisa que confirme uma das cinco verdades fundamentais, você estará extraindo energia das crenças conflitantes e adicionando energia a uma crença nas probabilidades e na sua capacidade de produzir resultados consistentes. No fim das contas, suas novas crenças se tornarão tão poderosas que não será necessário um esforço consciente da sua parte para pensar e agir de maneira consistente com os seus objetivos.

Você saberá ao certo que o pensamento probabilístico é parte funcional da sua identidade quando você for capaz de executar uma amostra de pelo menos vinte ou mais operações de mercado, sem nenhuma dificuldade, resistência ou ideias conflitantes que o distraiam de fazer exatamente o que compõe o seu sistema mecânico. Assim, e somente então, você estará pronto para entrar nos estágios subjetivos ou intuitivos mais avançados de trading.

Nota final

Tente não prejulgar quanto tempo levará para você ser capaz de realizar pelo menos uma amostra de operações, seguindo o seu plano sem desvios, distrações ou hesitações. Demorará o que for preciso. Se você quiser ser um golfista profissional, não será incomum ter de se dedicar a completar 10 mil tacadas ou mais, até que a combinação exata de movimentos no seu swing esteja tão impregnada em sua memória muscular que você não mais terá de pensar conscientemente no processo.

Quando você estiver tacando as bolas de golfe, você não estará participando de um jogo real com ninguém, nem vencendo um grande torneio. Você estará lá por acreditar que o cultivo e a prática de habilidades o ajudarão a vencer. Ser um vencedor consistente como trader não é muito diferente.

Desejo-lhe muita prosperidade, e até diria "boa sorte", mas você realmente não precisará de sorte caso se empenhe em desenvolver as habilidades apropriadas.

PESQUISA DE ATITUDE

1. Para ganhar dinheiro como trader, você precisa antever o que o mercado fará.
   ☐ concordo   ☐ discordo

2. Às vezes me surpreendo pensando que deve haver uma maneira de operar sem ter de sofrer perdas.
   ☐ concordo   ☐ discordo

3. Ganhar dinheiro como trader é basicamente um processo de análise.
   ☐ concordo   ☐ discordo

4. As perdas são componentes inevitáveis nas operações de mercado.
   ☐ concordo   ☐ discordo

5. Sempre defini meu risco antes de entrar numa operação.
   ☐ concordo   ☐ discordo

6. Na minha cabeça, sempre há um custo em descobrir em que direção o mercado irá.
   ☐ concordo   ☐ discordo

7. Nunca me incomodo em reformular a próxima operação se não estiver certo de que ela será lucrativa.
   ☐ concordo   ☐ discordo

8. Quanto mais aprender sobre o mercado e como este se comporta, mais fácil será para o trader executar suas operações.
   ☐ concordo   ☐ discordo

9. Minha metodologia me diz exatamente sob que condições de mercado entrar ou sair de uma operação.
   ☐ concordo   ☐ discordo

O TRADER VENCEDOR

10. Mesmo quando tenho um sinal claro para reverter minha posição, acho extremamente difícil fazer isso.
☐ concordo ☐ discordo

11. Passei por longos períodos de sucessos consistentes, geralmente seguidos de algumas perdas drásticas em meu patrimônio.
☐ concordo ☐ discordo

12. Quando comecei a operar, eu descrevia minha metodologia de trading como arriscada, significando algum sucesso em meio a muita dor.
☐ concordo ☐ discordo

13. Com frequência me percebo sentindo que o mercado está pessoalmente contra mim.
☐ concordo ☐ discordo

14. Por mais que eu tente esquecer, acho muito difícil "deixar pra lá" os traumas emocionais do passado.
☐ concordo ☐ discordo

15. Tenho uma filosofia de gerenciamento do dinheiro que se fundamenta no princípio de sempre tirar algum dinheiro do mercado quando este o deixa disponível.
☐ concordo ☐ discordo

16. O trabalho do trader é identificar padrões no comportamento do mercado que representem uma oportunidade e, então, avaliar o risco de descobrir se esses padrões evoluirão como no passado.
☐ concordo ☐ discordo

17. Às vezes, não consigo deixar de sentir que sou vítima do mercado.
☐ concordo ☐ discordo

18. Quando estou operando, geralmente tento manter o foco num período de tempo.
☐ concordo ☐ discordo

PESQUISA DE ATITUDE

19. O sucesso em trading exige certo grau de flexibilidade mental, muito além do escopo da maioria das pessoas.
☐ concordo ☐ discordo

20. Há ocasiões em que, definitivamente, sinto o rumo do mercado; no entanto, costumo ter dificuldade em agir com base nesse sentimento.
☐ concordo ☐ discordo

21. Com muita frequência, estou numa operação lucrativa e sei que a jogada basicamente acabou, mas ainda não realizei o meu lucro.
☐ concordo ☐ discordo

22. Por mais que eu ganhe numa operação, raramente fico satisfeito. Tenho sempre a sensação de que poderia ter feito mais.
☐ concordo ☐ discordo

23. Quando monto uma operação, sinto que estou com uma atitude positiva. Antevejo todo o dinheiro que posso ganhar com a operação de maneira construtiva.
☐ concordo ☐ discordo

24. O componente mais importante na capacidade de um trader de acumular dinheiro com o passar do tempo é ter fé em sua própria consistência.
☐ concordo ☐ discordo

25. Se lhe concedessem o dom de adquirir imediatamente uma habilidade em trading, qual você escolheria?

_____

26. Frequentemente passo noites insones, preocupado com o mercado.
☐ concordo ☐ discordo

27. Você já se sentiu compelido a executar uma operação porque teve medo de perder a oportunidade?
☐ sim ☐ não

28. Embora não o consiga com muita frequência, realmente gosto que minhas operações sejam perfeitas. Quando isso acontece, a sensação é tão prazerosa que compensa todas as frustrações por não chegar lá.

☐ concordo ☐ discordo

29. Você já se percebeu planejando operações que nunca executa e executando operações que nunca planejou?

☐ sim ☐ não

30. Em poucas palavras, explique por que a maioria dos traders não ganha dinheiro no mercado ou não consegue preservar o que ganhou.

_____

_____

_____

_____

_____

ÍNDICE REMISSIVO

aleatoriedade, 47-8, 133

altas e baixas, ciclo de, 69

ambiente mental, moldagem, 52-6; alinhamento, 84-6

análise de mercado e trading, relações entre, 111

análise fundamentalista, 19-20; brecha de realidade, 21; problemas da, 20

análise técnica, 19-22; problema da, 22

aprendizado pelas razões erradas, 65-7

aprendizado, percepção e, 93-8

associação, poder da, 99-106

assumir risco, 27-33

atitude: consistente, 76-87; *ver também* consistência; essencial para ganhos consistentes, 26, 53-6; reagindo a perdas, 56-75; responsabilidade como pedra angular da atitude vencedora, 56-75

atitudes, falhas, 29

autoavaliação, trading e, 186-8

autodisciplina, papel da, 197-202

autossabotagem: crenças de, 187-8; perigos da, 69, 71

brecha psicológica, 23-6

buraco negro da análise, 33

características de crenças, três básicas, 172-86; *ver também* crenças

cassinos, desfechos aleatórios dos, 121-6, 217

categorias dos traders, três, 70

confiança, 32

consciência: energia com, 171-3; não funcional, 85-6

consistência como estado mental, 76-87; alinhando o ambiente mental, 84-6 (consciência, não funcional, 85-6; crenças contraditórias, 84-6); compreensão do risco, 80-3; papel do medo, 79, 81-3; refletindo sobre trading, 77-80; soluções na mente, não no mercado, 76

consistência, desenvolvendo crença na, 203-7; sete princípios, 203

contradição ativa, 181

controle externo vs. interno, 49-50

crenças conflitantes, 158

crenças contraditórias, 84-6

225

crenças em trading, impacto das, 170-88, 191, 195; autoavaliação e trading, 186-8 (crenças de autossabotagem, 187-8; zona negativa, 188); energia com consciência, 171-2; negativo, 196; três características primárias, 172-86 (afetando o comportamento, independentemente do conhecimento consciente, 185-6; contradição ativa, 181; demanda das crenças por expressão, 175-85; experiência criativa, 177-8; processo de desativação, 173; resistente a qualquer força que alteraria sua forma presente, 172-5
crenças, natureza das, 157-69; conflitantes, 158; cuidado, 157; impacto em nossa vida, 162-7; origens, 159-62 (energia estruturada, 160; relação de causa e efeito, 159); vs. verdade, 167-9
crenças, trabalhando com, 146-56; definindo o problema, 146-9; definindo termos, 149-51 (disponibilidade, 151; estado mental despreocupado, 150; habilidades, 150; "momento presente", 151; objetividade, 150; objetivos, 149); movendo-se para o flow, 156; verdades fundamentais, relacionadas com habilidades, 151-6
culpando o mercado pelas perdas, 58-62
curiosidade, natureza da, 37-8

desativação, 173
desejo como força, 205
despreocupado, estado mental, 150
Disciplined Trader, The, 163
disponibilidade, 151
dor emocional de expectativas não realizadas, 152
Drummond, Charles, 116

efeitos comportamentais das crenças, independentemente do conhecimento consciente, 185-6
empresas de jogos e desfechos aleatórios, 121-6, 217

energia estruturada, 91-2, 100, 160
erros em trading, 117
estado mental despreocupado, 150
estágio intuitivo do desenvolvimento do trader, 190
estágio mecânico do desenvolvimento do trader, 190-7; auto-observação, 192-7
estágio subjetivo do desenvolvimento do trader, 190
estratégia de pensamento, 84-6
estruturas mentais, singularidade das, 137, 139
euforia, perigos da, 69-70
exercício: aprendendo a operar o trunfo como um cassino, 207-19; ver também pensando como um trader
expansão, 33-4
expectativas, gerenciando, 134-41; dor das não realizadas, 152
experiência criativa, 177-8
expressão, demanda das crenças ativas por, 175-85

fascínio de trading, 35-50; ver também perigos
flexibilidade e expectativas, 140
"flow de oportunidades do momento presente", 107-8, 151
flow, 108-9; alcançando, 54; movendo-se para, 156; zona negativa, 188
forças conflitantes, 218
Futures, revista, 35

habilidades, 150, 191

ilusão, 204-5
impulsos negados, 41-2
informação, interpretação, 136-41

liberdade como atração perigosa, 35-7

medo, papel do, 29-30, 32, 52, 73, 79, 81-3, 98, 108; falta de, como chave do sucesso, 195-6

ÍNDICE REMISSIVO

mentalidade dos traders bem-sucedidos, 25-6, 52-3

mentalidade probabilística, cinco verdades fundamentais da, 141, 205; habilidades, 151-6

método ponto e figura, 116

montanha-russa, ciclo da, 70

negligência, eliminando a, 52

objetividade, 150

objetivos, 149

"oportunidade livre de risco", 213

oportunidade, percebendo, 89

paradoxos, 26

pensamento criativo, 176-7; vs. pensamento racional, 110-1

pensamento crítico objetivo, 88-9

pensando como um trader, 189-219; desejo como força, 205; desenvolvendo crenças em consistência, 203-7; exercício: aprendendo a operar o trunfo como um cassino, 207-19 (aceitando o risco, 215-7; configuração, 207-19; escolhendo o mercado, 207; escolhendo um conjunto de variáveis que defina o trunfo, 208-10; índice risco--recompensa, 213-4; manejando conflitos, 218; operando com tamanhos de amostra, 214-5; "oportunidade livre de risco", 213; período de tempo, 209-10; realizando o lucro, 210-4; regras do, 217; saída de stop--loss, 208; tendência de mercado, 209; "The trend is your friend" [A tendência é sua amiga], 209); ilusão, 204; jogo de números para reconhecimento de padrões, 189; nada a ver com intelecto, 189; nota final, 219; papel da autodisciplina, 197-202; sete princípios, 203; três estágios de desenvolvimento, 189-97 (intuitivo, 190; mecânico, 190, 191-7; subjetivo, 190)

pensando diferente, importância de, 25-6

percepção, dinâmica da, 88-106; aprendizado e, 93-8; depuração do software mental, 89-93 (conjunto de forças, 90; energia estruturada, 91-2, 100; estruturas de energia, 91; percepção de oportunidades, 89); objetividade crítica, 80-9; poder de associação, 99-106 (projeção, 101); risco e, 99

perdas, reagindo às, 56-68; *ver também* responsabilidade

perigos de trading, 35-50; atração, 35-8 (liberdade, 36-7); criação de estrutura, 37 (natureza da curiosidade, 37-8); perigos específicos, 38-42 (impulsos negados, 41-2; vácuos mentais, 40-1); problemas, 45-50 (aleatoriedade, 47-8; controle externo vs. interno, 49-50; não assumir responsabilidade, 46-8; relutância em criar regras, 45-6; vício em recompensas aleatórias, 48-9); salvaguardas, 42, 44-5 (ausência de regras, 42-6)

perspectiva de mercado, 107-20; *ver também* verdade na perspectiva do mercado

Pesquisa de Atitude, 15-8, 221-4

por que as pessoas operam no mercado, 113-4

predefinindo o risco, 117-9, 131, 133, 202

princípio da incerteza, 108-13

probabilidades, pensamento em, 121-45; dificuldades de trading em, 128-30; *ver também* trunfo do trader

processo de bloqueio da dor, 136

processo de desativação, 173

projeção, 101

realização do lucro, 210-4

recompensas aleatórias, vício em, 48-9

regras: ausência de, 42-6; relutância em criar, 45-6

responsabilidade, assumindo, 51-75; alcançando o flow, 54; atitude, 53-6; consistência como objetivo final, 52; falha em, 46-8; mentalidade, 52; moldando am-

227

biente mental, 52-6; reagindo a perdas, 56-8 (aprendendo pelas razões erradas, 65-7; culpando o mercado pelas perdas, 58-62; flow de oportunidades, 63; irrelevância de valores sociais, 61; responsabilidade do mercado, 60; vingança, 65-6); vencedores, perdedores, *boomers* e *busters*, 68-75 (ciclo da montanha-russa, 70; três categorias dos traders, 70; vencendo e suscetibilidades a erros, 69)

risco: compreensão, 80-3; percepção e, 99

risco-recompensa, índice, 213-4

riscos emocionais, eliminando, 141-5; *ver também* trunfo do trader

singularidade do momento, aprendendo a lidar com, 128-31

soluções na mente, não no mercado, 76

sucesso, estrada para o, 19-34; análise fundamentalista, 19-20; *ver também* análise fundamentalista; análise mental, 22-34 (paradoxos, 26; tomada de riscos, 27-33); análise técnica, 19-22; atitudes falhas, 29; buraco negro da análise, 33; confiança, 32; diferenças entre grupos de traders, 23-6 (importância de pensar diferente, 25-6); expansão, 33-4; papel do medo, 29-30, 32

tendência de mercado, 209

"The trend is your friend" [A tendência é sua amiga], axioma, 209

trading e análise de mercado, relações entre, 111-2

trunfo do trader: pensamento probabilístico;

cassinos, 121-6; eliminação do risco emocional, 141-5; gerenciando expectativas, 134-41 (flexibilidade em, 140; interpretação de informações, 136-41; processo de bloqueio da dor, 136; singularidade da estrutura mental, 137, 139) ; mentalidade probabilística, cinco verdades da, 141; paradoxo (desfechos aleatórios, resultados consistentes, 122-6 (níveis macro e micro, 123; padrões de comportamento coletivo, 123-5)); trading no momento, 127-33 (aceitação da aleatoriedade, 133; aprendendo a lidar com a singularidade do momento, 128-31; dificuldade de trading com probabilidades, 128-30; predefinindo o risco, 131-3); pensamento probabilístico, 121-45

valores sociais nos mercados, não relevância dos, 61

variáveis, constantes, 115-20; *ver também* verdade

verdade na perspectiva do mercado, 107-20; características do mercado, mais fundamentais, 113-20 (erros de trading, 117; por que as pessoas operam no mercado, 113-4; predefinindo o risco, 117-9); "flow de oportunidades no momento presente", 107-8; método ponto e figura, 116; princípio da incerteza, 108-13 (flow, 108-9; papel do medo, 108; pensamento criativo vs. racional, 110-1)

verdade, crenças e, 167-9

vingança, trader e o sentimento de, 65-6

zona negativa, 188

TIPOLOGIA Miller e Akzidenz
DIAGRAMAÇÃO Osmane Garcia Filho
PAPEL Pólen, Suzano S.A.
IMPRESSÃO Lis Gráfica, julho de 2024

A marca FSC® é a garantia de que a madeira utilizada na fabricação do papel deste livro provém de florestas que foram gerenciadas de maneira ambientalmente correta, socialmente justa e economicamente viável, além de outras fontes de origem controlada.